Sprachen lernen

leicht gemacht

Wie Sie in Kürze jede Sprache meistern

Copyright © 2020 Life Advice Academy

Alle Rechte vorbehalten.

ISBN:

Die Life Advice Academy wurde 2019 ins Leben gerufen, um Menschen zu helfen ihre persönlichen Ziele zu erreichen. Unserer Auffassung nach sind alle Ziele unabhängig von Geld, aktueller Lebenslage oder Vorwissen erreichbar.

Wir haben uns darauf spezialisiert unseren Klienten das erforderliche Wissen an die Hand zu geben, welches sie benötigen, um die Schritte auf dem Weg zu ihrem Ziel erfolgreich zu absolvieren.

Dabei spielt es keine Rolle welches Ziel du konkret verfolgst. Denn allein die Vorgehensweise, die nötige Einstellung und das vermittelte Wissen entscheiden darüber, ob und wie dein Prozess der Zielverwirklichung funktioniert. Oftmals mangelt es den meisten Menschen genau an diesen Eigenschaften. Und genau dafür wurde die Life Advice Academy gegründet.

Verabschiede dich also von allen Ausreden dein Ziel nicht erreichen zu können. Denn es liegt ganz bei dir. Mit der richtigen Motivation und einem professionellen Konzept ist nämlich alles möglich. Lass uns also gemeinsam an deinen Zielen arbeiten und dich auf deinem Weg des Erfolgs begleiten.

Widmung

Ich widme dieses Buchen allen Menschen, die Sprachen lieben und diese mit Begeisterung entdecken möchten.

„Sprachen sind der Schlüssel zu neuen Welten"

Inhaltsverzeichnis

Kapitel: I) Vorwort — 1

Kapitel: II) Zur Motivation beim Sprachenlernen — 4

Kapitel: III) Der Zeitaufwand — 10

- a) Schlüsselwortmethode — 17
- b) Karteikarten — 18
- c) Vokabelheft — 22
- d) Kontextualisierung — 25
- e) Die Goldlist-Methode — 27
- f) Total Physical Response — 33
- g) Lernen im Schlaf — 36

Kapitel: V) Die Theorie des Lernens — 39

- a) Hypothesen der Sprachforschung — 40
- b) Ansätze der Sprachforschung — 43

Kapitel: VI) Eine Übersicht über Lautschrift — 46

Kapitel: VII) Die Suche nach den besten Lernmethoden — 48

- a) Die Birkenbihl-Methode — 50
- b) Die Sprachreise — 55
- c) Tandem — 60
- d) „Die konventionelle Methode" – Das Lernen mit Lehrbüchern — 67

e) Die Sprachschule 69

f) Onlineangebote 72

g) LAMP-Methode 74

h) Der Sprachkalender 77

i) Interkomprehension 78

j) Grammatik-Übersetzungsmethode 81

k) Direkte Methode 85

l) Ollendorffmethode 87

Kapitel: VIII) Ein neues Alphabet 91

Kapitel: IX) Häufig gestellte Fragen 97

Ich möchte mehrere Sprachen zur gleichen Zeit lernen. Ist das möglich? 97

Wie viel wird mich das Erlernen einer neuen Sprache kosten? 99

Ich möchte eine neue Sprache lernen, bin mir aber nicht sicher, welche? 102

Woher weiß ich, wie gut ich schon in der Sprache bin? 103

Mich stört, dass ich beim Sprechen einen starken Akzent habe. Wie werde ich diesen los? 106

Schlusswort 107

Disclaimer 108

Impressum 109

Kapitel: I) Vorwort

Sie und Ich, wir haben unsere Schulzeit schon hinter uns – und die meisten Menschen lassen mit der Schule auch ihr Interesse an Fremdsprachen zurück. Doch das ist ein fataler Fehler – und Sie haben mit diesem Buch schon einen Schritt in die Richtung gemacht.

Denn Fremdsprachen werden in einer sich globalisierenden Welt immer wichtiger und zählen nicht selten zu den Grundqualifikationen auf dem Arbeitsmarkt. Auch kann das Beherrschen von einer oder mehreren Fremdsprachen Voraussetzung für Beförderung sein. Vielleicht haben Sie aber gar nicht zu diesem Buch gegriffen, um sich auf dem Arbeitsmarkt einen Vorteil zu verschaffen. Vielleicht wollen Sie einfach in Ihrem nächsten Urlaub sich mit den Einheimischen unterhalten, um einen viel tieferen Einblick in deren Kultur zu erlangen.

Es gibt viele gute Beweggründe, um eine neue Sprache zu lernen – und mindestens genauso viele Methoden, das zu tun. Wenn Sie sich schon mal versucht haben, darüber zu informieren, kennen Sie das: Alle möglichen Leute versprechen Methoden, mit denen Sie angeblich in nur ein paar Tagen eine Fremdsprache perfekt beherrschen. Das klingt ja erstmal großartig, aber führt dann meistens zu sündhaft teuren Kursen, die am Ende gar nichts bringen.

Aber dieses Buch ist anders. In diesem Buch werde ich Ihnen die Schlüssel in die Hand geben, die Sie brauchen, um Fremdsprachen effizient und wirkungsvoll zu lernen. Behalten Sie aber immer folgendes im Hinterkopf: Jeder Mensch ist anders. Und jeder Mensch lernt anders. Daher werde ich in diesem Buch auch keine universale Lernmethode vorstellen, denn so etwas existiert einfach nicht. Wenn Ihnen jemand versucht, so etwas zu verkaufen, ist er garantiert nur hinter Ihrem Geld her und nicht wirklich an Ihrem Erfolg beim Sprachenlernen interessiert. Vielmehr stelle ich Ihnen mehrere praxiserprobte Methoden vor, durch den Sie Ihren passenden Weg finden werden. Sie werden fremdsprachliches Fachvokabular für Ihren Beruf erlernen, sich im Urlaub ohne Probleme mit Einheimischen unterhalten – und währenddessen den Spaß am Lernen nicht vergessen.

Doch bevor es losgeht, möchte ich Ihnen einige Hinweise zur korrekten Benutzung dieses Buches geben. Lesen Sie dieses Buch nicht einfach durch und legen es dann weg, so werden Sie keine Ergebnisse sehen. Machen Sie es stattdessen lieber folgendermaßen: Wenn Ihnen eine vorgestellte Methode gefällt, dann probieren Sie sie doch direkt aus! Wie schon gesagt ist jede Person verschieden, wenn es um Lernmethoden geht. Und Sie können nur herausfinden, was zu Ihnen passt, wenn Sie ständig ausprobieren. Wenn Sie sofort merken, dass die Methode Ihnen nicht liegt, versuchen Sie es nicht zu erzwingen. Sie werden Ihren eigenen

Weg finden. Zusätzlich sollten Sie sich Notizen machen, was Sie von den verschiedenen Methoden auf ersten Blick halten. Wenn Sie besonders in eine Methode interessiert sind, können Sie dann später mithilfe von Büchern und dem Internet weiterrecherchieren.

Sie sollten sich außerdem noch bewusst sein, dass die Beherrschung der eigenen Muttersprache eine riesige Hilfe bei dem Erlernen einer Fremdsprache ist. Wenn Sie die deutsche Sprache mit allen Grammatikregeln, Wortarten und anderen Macken in- und auswendig kennen, werden Sie schon bald ähnliche Muster bei der Fremdsprache erkennen. Das gilt besonders für Sprachen aus der gleichen Sprachfamilie, also beispielsweise Deutsch und Englisch in der germanischen Sprachfamilie. Dazu erkläre ich im Kapitel V) i) über die Methode der Interkomprehension mehr. Für das Gehirn ist es immer ein positives Gefühl, wenn es bei etwas Fremden etwas Vertrautes erkannt, so funktioniert der Mensch schon seit Jahrtausenden. Dieses Konzept wird seit einigen Jahren auch von Werbefirmen gebraucht, um uns bestimmten Produkten gegenüber positiv einzustimmen. Nutzen Sie also diesen Hang des Gehirns zu Ihrem Nutzen und beschäftigen Sie sich auch mit Ihrer eigenen Sprache, bevor Sie sich in das Meer der fremden Grammatik- und Satzstellungsregeln stürzen.

Kapitel: II) Zur Motivation beim Sprachenlernen

Wenn sie dieses Buch ausgewählt haben, dann haben Sie schon einen wichtigen Schritt zur neuen Sprache gemacht. Denn Sie haben Initiative gezeigt, die von Ihnen selbst ausgeht. Bei der Motivation gilt der folgende Grundsatz: Je wertvoller das Ziel und je größer die Wahrscheinlichkeit, das Ziel zu erreichen, desto größer die Motivation. Allgemein unterscheiden Wissenschaftler zwischen zwei Arten: der extrinsischen und intrinsischen Motivation. Die extrinsische Motivation basiert auf der Basis äußeren Faktoren und Antriebe. Dazu gehören materielle Anreize wie Gehaltserhöhungen, aber auch Anreize hinsichtlich des sozialen Status. Die meisten Menschen haben in der Schule extrinsische Motivation erfahren. Man hat nur gelernt, um eine gute Note zu erhalten, nicht etwa, um den Stoff zu verstehen. Die andere Art ist intrinsische Motivation. Diese entsteht aus Faktoren, die aus dem Menschen selbst kommen. Die intrinsische Motivation steht somit für das Lernen aus eigenem Antrieb. Faktoren wie Geld oder Ansehen spielen dabei keine Rolle.

Für ein langfristig sinnvolles und effizientes Lernen ist intrinsische Motivation unabdingbar. Das soll nicht heißen, dass es keine äußeren Beweggründe geben darf die Aussicht auf eine Beförderung kann durchaus ein treibender Faktor sein. Doch die intrinsischen Motive sollten stets über den extrinsischen Motiven stehen. Es ist nämlich bewiesen, dass extrinsische Motivation mit der Zeit stark abnimmt, während intrinsische Motivation eine langfristige Beschäftigung mit der Fremdsprache unterstützt. Ein Mangel an intrinsischer Motivation ist meist auf fehlende Erfolgserlebnisse zurückzuführen. Es kann durchaus frustrierend sein, viele Monate lang eine Sprache zu lernen, und sich einfach noch nicht mit Muttersprachlern unterhalten zu können. Das ist auch der Grund, weshalb Werbeanzeigen für Zauberformeln zum „Sprachenlernen über Nacht „so profitabel für deren Betreiber sind. Eine solche Zauberformel gibt es aber nicht. Daher möchte ich Ihnen in diesem Kapitel einige Strategien vorschlagen, wie Sie Motivation zum Sprachenlernen finden und vor allem behalten können.

Besonders in der Sprachforschung kann man noch zwischen der integrativen und instrumentalen Motivation differenzieren. Bei der integrativen Motivation ist der Lernende besonders an der Kultur eines bestimmten Landes interessiert und hat sich zum Ziel gesetzt, sich mit den Menschen dort unterhalten zu können. Das Ziel der instrumentalen Motivation ist es allerdings, durch den Erwerb der neuen Sprache persönliche Vorteile in der Zukunft zu erlangen, wie zum Beispiel Vorteile auf dem Arbeitsmarkt. Sowohl instrumentale und integrative Motive sind valide Gründe, eine neue Sprache lernen zu wollen.

Bevor Sie anfangen, eine Sprache zu lernen, sollten Sie sich klarmachen, warum Sie das tun möchten. Denn ohne konkreten Grund fällt es den meisten Menschen schwer, langfristig motiviert zu bleiben. Ob persönliche Beziehungen, Interesse an der Kultur oder auch berufliche Ziele: Immer, wenn Sie fühlen, dass Sie die Motivation am Lernen verlieren, rufen Sie sich den ursprünglichen Grund ins Gedächtnis.

Der größte Motivationsschub, den man nur bekommen kann, entsteht durch eine anstehende Reise in ein Land, wo die Fremdsprache gesprochen wird. Wenn Sie ein paar Monate im Voraus einen Flug buchen, werden Sie einen riesigen Schub an Motivation erfahren, der bis zum Abflug nur wächst. Denn eine Reise gibt Ihrem Gehirn einen konkreten Anhaltspunkt, an dem es sich orientieren kann. Das immer näher rückende Datum macht außerdem ein wenig Druck, da man sich ja im Gespräch mit Einheimischen nicht blamieren möchte. Das Problem an dieser Strategie ist jedoch, dass nach dem Auslandsaufenthalt die Motivation stark abflachen kann, wenn man keinen nächsten Punkt hat, an dem man sich orientieren kann.

Eine andere Strategie, um die Motivation nachhaltiger aufrecht zu erhalten, ist, sich Ziele zu setzen. Damit ist natürlich nicht ein unrealistisches Vorhaben gemeint, wie zum Beispiel eine Sprache innerhalb eines Monats zu erlernen. Das würde nur unmotiviert wirken, da Sie das Ziel dann sowieso nicht erreichen werden. Bleiben

Sie realistisch und ehrlich – und unterteilen Sie sich das Ziel in kleinere Teilziele wie Wochen- oder Monatsziele. Denn selbst wenn Sie sich fest vorgenommen haben, in 6 Monaten mit Geschäftspartnern über die Finanzwelt sprechen zu können, werden Sie das vermutlich nicht schaffen, da das Ziel zu weit entfernt ist und ungreifbar erscheint. Erstellen Sie sich einen Zeitplan, in der Sie sich notieren, was Sie bis wann lernen möchten. Arbeiten Sie beispielsweise mit einem Buch, können Sie sich vornehmen, ein Kapitel in den nächsten zwei Wochen durchzuarbeiten. Mit einer solchen selbst gewählten Deadline motivieren Sie sich selbst sehr. Haben Sie das selbst gesetzte Ziel schlussendlich jedoch nicht erreicht, verlieren Sie auf keinen Fall die Hoffnung! Das ist kein Weltuntergang, und niemand wird Ihnen deshalb irgendwelche Punkte abziehen. Versprechen Sie sich selbst einfach, es beim nächsten Mal garantiert zu schaffen. Solche Fehler sollten Sie viel mehr dafür nutzen, um es besser zu machen. Frei nach dem Motto: Aus Fehlern muss man lernen.

Es ist sehr wichtig, genug Motivation beizubehalten. Denn beim Lernen einer neuen Sprache werden Sie wohl oder übel Fehler machen, und davon nicht wenige. Auch ich habe mich im Gespräch mit Einheimischen während meinen Sprachreisen oft sehr blamiert und bin in Fettnäpfchen getreten. In Spanien beleidigte ich einmal unabsichtlich eine nette Kellnerin, obwohl ich ihr eigentlich ein Kompliment geben wollte. Daraufhin folgte eine lange, unangenehme Stille, in der mir klar wurde, was ich eigentlich gerade gesagt habe. Hier wird es für Sie von größter Bedeutung sein, dass Sie nicht frustriert werden, sondern „am Ball bleiben". Stellen sie sich einfach ein Kind vor. Dieses schämt sich nicht für seine Fehler, vielmehr lernt es daraus. Handhaben auch Sie es so, denn sonst werden Sie keine Fortschritte machen. Und wenn Sie all diese Strategien in die Tat umsetzen, kann ich Ihnen garantieren, dass sich Erfolg zeigen wird und sie langfristig motiviert sein werden. Und wenn Sie einmal merken, dass Ihre Motivation nachlässt, nehmen Sie sich doch dieses Buch zur Hand und lesen die Kapitel erneut. Sie werden neue Inspiration finden.

Vielleicht haben Sie auch schon Artikel gelesen, die Ihnen völlig den Mut zum Sprachenlernen genommen haben. Viele Menschen behaupten nämlich, dass man als Erwachsener überhaupt keine Fremdsprache mehr lernen kann. Ich kann Sie beruhigen, diese Aussage stimmt nicht oder ist zumindest meilenweit übertrieben. Was nämlich wahr ist, ist, dass Wissenschaftler herausgefunden haben, dass Kinder und Jugendliche tatsächlich in kürzerer Zeit ein besseres Sprachniveau als Erwachsene erreichen können. Für Menschen über 20 Jahre ist es extrem schwer, so gut wie ein Muttersprachler zu werden, was für viele Kinder kein Problem ist. Es wird vermutet, dass das an der Fähigkeit von diesen liegt, neue Laute und Worte viel schneller aufzunehmen. Da ist es kein Wunder, dass sich immer mehr Eltern für eine bilinguale Erziehung entscheiden. Also: Ja, es ist sehr schwer, als Erwachsener ein

Muttersprachler Niveau zu erreichen. Wenn das Ihr Ziel ist, werden Sie sehr viel Zeit und Herzblut in das Vorhaben stecken müssen. Andererseits sollten Sie noch einmal genau Ihr Ziel ansehen. Müssen Sie wirklich so gut wie ein Einheimischer sprechen können? Unterhalten kann man sich auch mit deutlich weniger Einsatz. Aber, wie schon gesagt: Mit genug Einsatz kann jeder Mensch, egal wie alt, eine neue Sprache lernen und meistern.

Kapitel: III) Der Zeitaufwand

Wenn Sie sich ein Ziel gesetzt haben, sind Sie vielleicht an einem groben Anhaltspunkt interessiert, ab wann Sie die Sprache schon einigermaßen sprechen können. Das kommt natürlich sehr auf die lernende Person und auf die Sprache an, die er lernen möchte. Wie viel Zeit ist man bereit zu investieren? Mit welcher Methode lernt man die Sprache? Hat man schon einmal eine Sprache gelernt, hat also Erfahrung mit dem Prozess? Bis zu welchem Niveau will man überhaupt lernen? All das sind Fragen, die man sich selbst stellen muss, wenn man die Lernzeit grob abschätzen möchte. Um dies für Sie etwas leichter zu machen, möchte ich Ihnen eine Übersicht geben:

Wie im Kapitel VI) i) über die Interkomprehension beschrieben, sollte man die Sprachfamilien beachten. Englisch und Holländisch sind Teil der Germanischen Sprachfamilie, so wie die deutsche Sprache. Diese Sprachen sind aufgrund ihrer Ähnlichkeit zu Deutsch für Muttersprachler relativ einfach und schnell zu erlernen. Besonders Holländisch ist dafür bekannt, die einfachste Fremdsprache für Deutsche zu sein. Wenn wir uns aus der Germanischen Sprachfamilie herausbewegen, gelangen wir bald zu der Romanischen Sprachfamilie. Dazu zählen unter anderem Französisch, Spanisch, Italienisch und Portugiesisch. Da diese aus einer ähnlichen Kultur kommen, finden sich auch hier noch Übereinstimmungen mit der deutschen Sprache, die das Lernen erleichtern können. Die größten Schwierigkeiten werden Ihnen die Sprachen aus der dritten Kategorie bereiten. Diese haben komplett andere Grammatikregeln und keine Wortschatzüberschneidungen. Manchmal nutzen sie sogar ein anderes Alphabet. Dies gilt für die meisten Sprachen aus dem asiatischen Bereich (wie Chinesisch und Spanisch), Arabisch, Russisch und noch viel mehr.

Als nächstes sollten Sie sich noch überlegen, wie viel Zeit Sie für das Erlernen der Fremdsprache aufbringen können und wollen. Wenn Sie berufstätig sind ist es natürlich verständlich, dass Sie nicht Ihre ganze Freizeit opfern möchten. Versuchen Sie aber unbedingt, jede Woche mindestens 5 Stunden sich mit der Fremdsprache zu beschäftigen. Das können Sie erreichen, indem Sie jeden Tag eine Stunde freiräumen, um zu lernen. An zwei Tagen der Woche dürfen Sie sich dann ausruhen. Ich kann es nur noch einmal empfehlen, nehmen Sie sich das wirklich vor. Ich persönlich habe noch keinen Menschen getroffen, der mit unter 5 Stunden Aufwand in der Woche eine Sprache gelernt hat. Diese Tatsache ist übrigens auch für die unter Ihnen wichtig, die Teil einer Sprachschule oder Volkshochschule sind. Typischerweise gibt es dort nur eine Stunde Unterricht in der Woche, was deutlich zu wenig ist. Die restlichen Stunden müssen Sie also mit dem Lernen in den eigenen vier Wänden auffüllen. Natürlich wäre es umso besser, wenn Sie noch mehr

Zeit aufwenden möchten und können. Meiner Erfahrung nach kann man mit 10 Stunden Aufwand in der Woche (also 1-2 Stunden täglich) eine germanische Sprache locker in 1.5 und eine romanische Sprache in 2 Jahren lernen. Bei Sprachen der dritten Kategorie müssen Sie immer vom doppelten Aufwand ausgehen. Diese Zahlen sind natürlich nur sehr grobe Schätzungen und basieren vor allem auf meinen eigenen Erfahrungen. Bei Ihnen könnte das Ganze sowohl schneller als auch langsamer ablaufen. Also: Wenn Sie nur beiläufig lernen können, rcichen 5 Stunden täglich aus. Natürlich werden Sie dafür insgesamt auch länger lernen müssen, um ein gewisses Niveau zu erreichen. Außerdem ist eine Sprache, die der Muttersprache ähnlich ist, ist deutlich einfacher zu lernen. Sie werden für Japanisch ein paar Jahre länger brauchen als für Niederländisch. Sehen Sie eine Sprache als großes Bauwerk an, das aus vielen Steinen besteht. Selbst wenn Sie einen dieser Bausteine, also zum Beispiel die Vokabeln gemeistert haben, bringt Ihnen das gar nichts. Um nicht unnötig lange zu lernen, sollten Sie also die verschiedenen Bausteine möglichst miteinander abstimmen und balancieren. Konzentrieren Sie sich an einigen Stunden der Woche auf das Hörverständnis und das Sprechen, lernen Sie an anderen Stunden Vokabeln und verstehen Sie in wieder anderen Stunden die Grammatik. Wie Sie diese Bausteine balancieren möchten, ist Ihnen überlassen und hängt vor allem von dem Ziel ab, welches Sie erreichen möchten. Versuchen Sie, kreativ zu werden. Fast alle von diesen Bausteinen kann man in den Alltag implementieren.

Sie können auf dem Weg zur Arbeit mit einem Podcast in der Fremdsprache Ihr Hörverstehen verbessern oder schnell mit einer Vokabel-App den Wortschatz durchgehen.

Es ist schwer, eine Sprache allein zu lernen. Ihnen wird ein Gesprächspartner fehlen – und eine wichtige Motivationsquelle. Denn ein guter Tandempartner und Sie ergänzen und motivieren sich gegenseitig. Ihnen sollte es Freude bringen, sich mit diesem zu unterhalten. Darum ist Sympathie hier sehr wichtig. Finden Sie also einen Gleichgesinnten aus dem Bekanntenkreis, oder knüpfen Sie bei lokalen Stammtischen oder im Internet neue Kontakte. Wenn Sie noch mehr Informationen zum Lernen mit einem Tandempartner haben möchten, blättern Sie zum Kapitel VI) c) vor. Dort gibt es noch mehr Infos und Tipps, wie Sie Gleichgesinnte finden und mit diesen am effektivsten lernen können.

Um die Motivation für längere Zeit zu behalten, können Sie ein Lerntagebuch führen. In diesem dokumentieren Sie Ihre Fortschritte und können sowohl gute als auch schlechte Tage eintragen. Wenn Sie dann merken, dass Ihre Motivation nachlässt, können Sie sich kurz hinsetzen und in Ihrem Tagebuch blättern. Man vergisst nämlich schnell, wie viel besser man im Vergleich zu früher eigentlich geworden ist. So können Sie sich daran erinnern, dass Sie immer noch Fortschritte machen. Außerdem kann ein Tagebuch sinnvoll sein, wenn Sie darin Dinge notieren, die Sie noch nicht verstanden haben. Haben Sie eine besonders kniffelige Grammatik, die Sie lieber noch einmal erklärt haben möchten, oder gibt es eine Vokabellektion, die Ihr Gehirn sich einfach nicht merken will? Schreiben Sie solche Sachen in Ihr Tagebuch, und Sie werden sich in den nächsten Tagen einfacher daran erinnern, die Themen nachzuholen. Verfassen Sie Ihre Tagebucheinträge in der Zielsprache, hat das noch zusätzlich die positive Wirkung, dass Sie die Sprache direkt anwenden.

Doch selbst wenn Sie alle diese Punkte befolgen und schnelle Fortschritte machen, werden Sie bemerken, dass sich nach ein paar Monaten der Lernfortschritt immer mehr verlangsamt und Sie nicht mehr so viele Resultate sehen wie anfangs. Das liegt am berüchtigten Lernplateau, an dem selbst die motiviertesten Menschen brechen können. Dieses Plateau ist ganz natürlich, doch Sie müssen es schaffen, trotz scheinbar weniger Resultate nicht alle Motivation aufzugeben. Einfach weitermachen nützt jedoch genauso wenig, probieren Sie stattdessen eines der folgenden Dinge: Suchen Sie sich einen neuen Tandempartner, probieren Sie neues Lernmaterial aus und unternehmen Sie Dinge, die Ihnen Spaß machen. Schauen Sie beispielsweise einen fremdsprachigen Film oder gehen Sie mit Muttersprachlern auf eine Party.

Kapitel: IV) Zu Vokabeln

Wie Sie sicherlich wissen, ist das Lernen von Vokabeln eines der wichtigsten Elemente beim Meistern einer neuen Sprache. Doch niemand kann von Ihnen verlangen, das gesamte Wörterbuch und alle Fachbegriffe auswendig zu lernen, das würde Ihnen gar nichts nutzen. Hoch gebildete Muttersprachler nutzen nach Schätzungen circa 10.000 Wörter. Auch soweit müssen Sie nicht gehen. Denn mit 250 gelernten Wörtern kennen Sie den inneren Kern der Fremdsprache. Ohne diese können Sie keine Sätze bilden. Muttersprachler im alltäglichen Gespräch nutzen nur 750 Wörter. Mit nur 2500 Wörtern können Sie sich in jedem Thema schon problemlos verständigen. Sicher werden Sie manchmal etwas komische Umschreibungen nutzen müssen, aber diese 2500 Wörter bilden den Grundwortschatz der meisten Sprachen. Das ist gar nicht so viel, oder? Und Vokabeln lernen geht im Schlaf! Denn obwohl viele Menschen denken, dass das Lernen kurz vor dem Schlafen eine Zeitverschwendung ist, ist tatsächlich das Gegenteil der Fall! Studien haben bewiesen, dass es förderlich ist, wenn Sie kurz vor dem Schlafen gehen die Vokabeln durchgehen. Denn im Schlaf werden bestimmte Detailinformationen besonders gut verarbeitet und gespeichert. Ein ausreichend langer Schlaf kann also ein guter Helfer beim Vokabellernen sein!

Eine andere Statistik zum Nachdenken: In der spanischen Sprache als Beispiel machen die 1000 meistgenutzten Wörter 87,8% der gesprochenen Kommunikation aus. Die 2000 meistgenutzten Wörter dagegen bilden 92,7% der mündlichen Kommunikation. In anderen Worten, während die Wörter 1-1000 Ihnen einen riesigen Nutzen von fast 88% bringen, werden Ihnen die Wörter 1001-2000 nur einen zusätzlichen Nutzen von 5%. Obwohl Sie dieselbe Arbeit und Mühen in das Lernen der Wörter 1001-2000 gesteckt haben, haben Sie ganze 83% weniger Nutzen erhalten. Die Lernkurve fängt also sehr steil an und flacht extrem ab. Das kann für viele frustrierend werden, noch sollten Sie die Hoffnung aber nicht aufgeben. Denn für ein sehr gutes Verständnis der Fremdsprache sind 90 bis 95% des Vokabulars nötig. Die restlichen 5 bis 10% werden Sie sich in Gesprächen durch den Kontext einfach erschließen können. Bei unserem Beispiel der gesprochenen Spanischen Sprache reicht es also, wenn Sie ungefähr die 2000 häufigsten Wörter kennen, um alle anderen Wörter durch Unterhaltungen ganz automatisch zu erlernen! Ist das nicht sensationell? Zugegeben, bei geschriebenem Text ist diese Zahl etwas höher, doch Sie erkennen, dass man gar nicht so viele Wörter erlernen muss, um eine Fremdsprache zu meistern.

An diesen zwei Statistiken können Sie erkennen, dass es nicht nur auf die Methode des Vokabellernens ankommt, sondern auch darauf, welche Vokabeln Sie lernen. Behalten Sie also dies immer im Hinterkopf, wenn Sie das nächste Mal pauken. Jetzt sind Sie vermutlich begeistert von der Macht von Vokabeln, ich bin es ebenso. Aber es stellt sich natürlich die Frage, wie genau Sie diese wichtigen Vokabeln erlernen. Dafür gibt es viele verschiedenen Wege.

a) Schlüsselwortmethode

Die Schlüsselwortmethode stammt aus dem Bereich der Mnemotechniken. Vokabellernen kann durch diese Methode extrem vereinfacht werden, vor allem auditive Lerner können mit dieser Technik ihre Lerngeschwindigkeit stark erhöhen. Einige Anhänger dieser Methode geben an, mit ihr doppelt so schnell und effizient Vokabeln zu erlernen. Auch viele polyglotte Personen schwören darauf. Der Gedächtnismeister Yip Swe Choi lernte mit der Methode ein ganzes Wörterbuch (Mandarin – Englisch) mit über 5800 Einträgen auswendig. Grund genug für uns, sich diese Methode ein wenig genauer anzusehen. Andere Begriffe für die Schlüsselwortmethode sind Ersatzwortmethode oder Keyword Methode. Egal wie Sie sie nennen möchten, die Schlüsselwortmethode funktioniert folgendermaßen:

Wenn Sie ein neues Wort lernen möchten, suchen Sie ein ähnlich klingendes Wort in der Muttersprache. Wichtig hierbei ist die akustische Verbindung, Sinn machen muss sie nicht. Ein Beispiel hierfür wäre das englische Wort „mice", das ins Deutsche übersetzt „Mäuse" bedeutet. Wenn Sie das Wörtchen „mice" aussprechen (/maɪs/) klingt das genau wie das deutsche Wort „Mais" (/maɪs/). Mais ist hier also unser Schlüsselwort. Im zweiten Schritt denken Sie Sich ein Bild aus, welches sowohl die Vokabel als auch das deutsche Schlüsselwort beinhaltet. In unserem Beispiel kann dieses Bild zum Beispiel folgendermaßen lauten: „Die Mäuse nagen an einem Maiskolben". Merken Sie, was passiert ist? Sie haben die Vokabel, die Sie lernen möchten, mit dem Schlüsselwort verbunden. So ist in Ihrem Gehirn eine Verbindung entstanden, die leicht bestehen bleibt. Die Effektivität dieser Methode ist stark davon abhängig, wie ähnlich die Fremdsprache zu der Muttersprache ist. Doch mehrere Studien haben bewiesen, dass Anwender der Schlüsselwortmethode deutlich besser lernen als jene, die herkömmliche Wege nutzen.

b) <u>Karteikarten</u>

Das Lernen mit Karteikarten, heutzutage auch SRS (Spaced Repition System) genannt, ist ein Klassiker beim Vokabellernen. Fans von Karteikarten führen oft die Faustregel an, dass eine Vokabel erst im Langzeitgedächtnis verankert bleibt, wenn die Vokabel fünfmal gelernt wurde. Auch diese Methode hat natürlich Vor- und Nachteile, diese werde ich jedoch erst nach der Erläuterung beschreiben. So können Sie sich ein einiges Bild machen. Das Grundprinzip vom Lernen mit der Lernkartei oder dem Karteikasten ist folgendes: Auf kleine Karteikarten schreiben Sie vorne das deutsche Wort und hinten das fremdsprachige Wort. Notieren Sie sich bei Problemen ebenfalls die Aussprache oder bei mehrdeutigen Begriffen einen Beispielsatz. Ein kleiner Tipp meinerseits: Schaffen Sie sich am besten mehrere Karteikarten in verschiedenen Farben an. So können Sie für jede Wortgruppe, also Verben, Substantive, Adjektive und so weiter eine eigene Farbgruppe nutzen. Das ist ein weiterer visueller Anreiz und hilft außerdem beim Sortieren. Nun kaufen oder basteln Sie sich einen Karteikasten, der aus mindestens sechs voneinander getrennten Fächern besteht. Die Karten, die Sie lernen möchten, legen Sie im vordersten Fach des Kastens ab. Nehmen Sie nun die erste Karte zur Hand und lesen Sie den deutschen Begriff (oder je nach Drehung den fremdsprachigen Begriff). Jetzt versuchen Sie, die Vokabel zu übersetzen. Gelingt Ihnen das, rutschen Sie die Karteikarte ein Fach weiter nach hinten. Fällt Ihnen der Begriff jedoch nicht ein, stecken Sie die Karte wieder zurück in das erste Fach, hinter alle anderen Vokabeln. Sie sollten sich dabei nicht zu sehr anstrengen müssen, die Vokabel sollte Ihnen sofort in den Kopf geschossen kommen. Arbeiten Sie nach diesem System all Ihre neuen Vokabeln durch. Am nächsten Tag nehmen Sie den Vokabelkasten wieder in die Hand und beginnen die Prozedur erneut, dieses Mal mit dem Unterschied, dass die Karten aus Fach 2 in Fach 3 überwandern können und so weiter und so fort.

So wiederholt Ihr Gehirn die Vokabel und ist immer wieder neu gefordert, bis sie im Langzeitgedächtnis angelangt ist. Profis gehen aber nicht jeden Tag einfach alle Wörter in jedem Fach durch, sie haben ein System entwickelt, welches das Lernen mit Karteikarten perfektioniert. Bei diesem System lernen Sie die sich in Fach 1 befindlichen Vokabeln täglich, die Vokabeln in Fach 2 nur alle zwei Tage. Die Karteikarten in Fach 3 gehen Sie nur einmal in der Woche durch. Vergessen Sie nicht, dass nicht gewusste Karten wieder direkt ins Fach 1 gelegt werden müssen. Die Vokabeln in Fach 4 gehen Sie alle zwei Wochen durch, die in Fach 5 nur einmal im Monat. Wenn Sie das Wort in Fach 5 gewusst haben, dürfen Sie stolz auf sich sein und die Karte entweder in das letzte Fach legen oder an einem anderen Ort aufbewahren. Diese Vokabeln sollten nun endgültig in Ihrem Langzeitgedächtnis verankert sein. Um sicherzugehen empfiehlt es sich, nach einigen Monaten die Vokabeln noch einmal zu wiederholen. Die Zuordnungstechnik ist sicher gewöhnungsbedürftig und auch die Zeitabstände, in der die verschiedenen Fächer gelernt werden, sollten Sie sich zunächst in einen Terminplaner notieren.

Diese Methode hat einige Vor- und Nachteile. Karteikarten haben gegenüber einem Vokabelheft den großen Vorzug, dass die Vokabeln nicht nur in derselben, starren Reihenfolge gelernt werden, sondern immer wieder durchgemischt werden. So lernt Ihr Gehirn tatsächlich die Vokabeln und nicht nur die Reihenfolge. Der Lerneffekt wird dadurch verstärkt, dass Sie die Vokabelkarten am Anfang noch aufschreiben mussten. Außerdem wird durch das Karteikartensystem das langfristige Behalten sehr gefördert. Die noch wenig gelernten Vokabeln werden dabei deutlich häufiger angesehen. Auch bekommen Sie durch das Fächersystem einen guten Eindruck davon, wie weit Ihr Fortschritt ist. Ein weiteres Argument für diese Methode ist, dass Sie sowohl die Übersetzung Muttersprache-Fremdsprache als auch Fremdsprache-Muttersprache lernen können. Dafür müssen Sie die Vokabelkarten einfach umdrehen, was ich Ihnen auch empfehlen kann.

Obwohl das System unbestreitbar effizient ist, ist es doch sehr zeitaufwändig. Denn alle Vokabeln, die Sie erlernen möchten, müssen Sie diese erst einmal notieren. Und das kann durchaus langwierig werden. Haben Sie nicht viel Zeit zum Lernen der Fremdsprache, sollten Sie Ihre wertvolle Zeit nicht auf das stupide Abschreiben von Vokabeln verschwenden. Vermeiden kann man dieses Problem mit schon vorgefertigten Karteikarten, die es zu immer mehr Lehrbüchern zusätzlich zu kaufen gibt. Wenn Sie sich aber doch entscheiden, die Vokabeln selbst zu notieren, besteht immer die Gefahr, dass sich ein kleiner Rechtschreibfehler einschleicht, wodurch Sie es falsch lernen werden. Ein weiteres Problem zeigt sich, wenn Sie schon eine lange Zeit mit diesem System gelernt haben. Denn irgendwann häufen sich die kleinen Kärtchen und es wird für Sie schwer, den Überblick zu behalten. Lösbar ist dieses Manko mit digitalen Versionen von Karteikästen, die es heutzutage für alle Geräte zum Download gibt. Wenn Sie zusammen mit anderen in einer Gruppe lernen, kann so auch nur eine Person die mühsame Tipparbeit übernehmen, die alle anderen Kursteilnehmer nutzen können. Wenn Sie sich für solche Programme interessieren, können Sie im Internet relativ schnell eine für Sie passende Lösung finden.

c) **Vokabelheft**

Ein weiterer „Klassiker" des Vokabellernens ist natürlich das Vokabelheft. Und obwohl ich persönlich kein Fan dieser Methode bin und das Lernen mit Karteikarten vorziehe, möchte ich auch diese Methode vorstellen, da auch sie ihre Vorteile und Anhänger hat. Das Gute an Vokabelheften ist, dass Sie die Vokabeln nach Themengebieten geordnet lernen können. Haben Sie eine Lektion vor sich, bei der Sie alle Farben, Monate, Möbelstücke, Begrüßungen etc. lernen werden, kann es durchaus sinnvoll sein, diese gruppiert zu lernen. Ich empfehle für das Lernen mit Vokabelheften ein dreispaltiges Heft statt einem mit nur zwei Spalten. Denn neben dem Wort in Muttersprache und Fremdsprache sollten Sie in der mittleren Spalte für

Sie hilfreiche Ausdrücke notieren. Das können Synonyme (also Wörter mit gleicher Bedeutung), Antonyme (Wörter mit gegenteiliger Bedeutung), Wörter aus der gleichen Wortfamilie oder auch Beispielsätze sein. Beim Abschreiben der Vokabeln aus Ihrem Lehrbuch sollten Sie jedoch vorsichtig sein und ein paar Dinge beachten: Denn dort werden oft zwischendrin grammatikalische Inhalte behandelt, die nicht in Ihr Vokabelheft gehören. Das können zum Beispiel konjugierte Verben sein oder Adverbien sein. Bei Letzteren ist es nämlich in den meisten Sprachen nicht sinnvoll, sie einzeln zu lernen, wenn sie eigentlich nach einem Muster funktionieren. So werden Adverbien in der englischen Sprache durch den Anhang eines -ly gebildet (loud -> loudly). All diese Adverbien einzeln zu lernen hat keinen nachhaltigen Nutzen. Bei Sonderfällen wie good (good -> well) sieht das natürlich schon wieder anders aus. Sie sehen also, bei dem Ausfüllen Ihres Vokabelheftes sollten Sie vorsichtig sein, was genau Sie sich notieren. Beim Lernen von neuen Vokabeln teilen Sie sich diese am besten in kleinere Blöcke von 5 bis 8 Wörtern ein und gehen diese gruppenweise durch. Lernen Sie dabei sowohl die muttersprachliche als auch die fremdsprachliche Übersetzung. Wie bei den anderen Vokabellernmethoden auch ist hier natürlich Wiederholung das A und O.

Warum bin ich also gegen das Lernen mit Vokabelheften? Das möchte ich Ihnen erklären, aber auch die Vorteile der Methode werde ich nicht außer Acht lassen. Wie schon erwähnt, können Sie die Vokabeln in einem Heft nach passenden Gruppen organisieren, was das Lernen erleichtern kann. Außerdem wird Ihr Gehirn sich durch das bloße Übertragen von Vokabel aus dem Lehrbuch in das Vokabelheft schon einige der Wörter einprägen. Das war es jedoch dann schon mit den Vorzügen. Zu den Nachteilen gehört, dass das Lernen hier sehr ineffizient ist. Denn egal ob Sie ein Wort schon verinnerlicht haben oder ob Sie es noch gar nicht kennen, Sie gehen beide genauso oft durch. Dabei wäre es doch viel sinnvoller, würden Sie statt der schon bekannten Worte lieber die noch unbekannten Wörter lernen. Wenn Sie also täglich lernen, müssten Sie sich bei jeder Vokabel immer markieren, ob Sie dieses schon gewusst haben. Diese Methode wird also einiges an Ihrer Zeit verschwenden. Zusätzlich werden die Vokabeln immer in einem ganz spezifischen Kontext gelernt. In Ihrem Vokabelheft könnte zum Beispiel das fremdsprachliche Wort für Wetter unter dem für Heizung stehen. Sie lernen das Wort für „Wetter" also immer direkt nachdem Sie „Schlüssel" gelernt haben. So besteht die Gefahr, dass Sie sich gar nicht die Übersetzung von „Wetter" merken, sondern die Vokabel sich nur im Kontext erschließen. Ihr Gehirn wird merken, dass nach einem bestimmten Wort immer ein anderes Wort kommt. Das ist in der Praxis jedoch extrem unpraktisch. Wie oft benutzen Sie im alltäglichen Gespräch das Wort „Wetter" direkt nach „Schlüssel"? Das ist der größte Punkt, warum ich das Lernen mit Vokabelkarten für viel sinnvoller halte. Dort lernen Sie die Vokabeln nämlich durcheinander, was einen deutlich größeren Mehrwert bietet. Dann kommt noch hinzu, dass die Methode einfach sehr unpraktisch ist, wenn Sie nach einer bestimmten Vokabel suchen. Denn mal schnell nachschlagen, funktioniert nicht.

Nach so viel Lästern über das Vokabelheft muss ich Ihnen etwas gestehen: Auch ich benutze eines. Seien Sie nun nicht geschockt, ich kann Sie beruhigen. Denn in mein Vokabelheft kommen lang nicht alle Vokabeln hinein, die ich lernen muss. Stattdessen habe ich, wenn ich einen Text in der Fremdsprache lese oder ein Video schaue, immer mein Vokabelheft zur Hand, sodass ich mir unbekannte Wörter darin notieren kann. So trainiere ich mit meinem Heft nur die schwierigen Wörter, die ich noch nicht wusste. Vielleicht können Sie auch diese Praxis übernehmen, Sie lässt sich sehr einfach mit anderen in diesem Buch vorgestellten Lernmethoden kombinieren. Ich kann diese Vorgehensweise daher empfehlen, da ich am nächsten Morgen einen Blick in mein Heftchen werfen kann und dann gezielt die Wörter noch einmal wiederhole, die ich am vorherigen Tag noch nicht gut konnten.

d) Kontextualisierung

Das System der Kontextualisierung löst eines der größten Probleme beim Lernen von Vokabeln. Denn bei fast allen anderen Methoden lernen Sie die Vokabel für sich allein. Das kann dazu führen, dass Sie vor allem in der mündlichen Anwendung Ihnen bestimmte Worte nicht einfallen. Stattdessen sollten Sie lieber mit dem Konzept der Kontextualisierung arbeiten. Mit diesem Konzept lernen Sie wie der Name schon vermuten lässt neue Worte immer in einem Kontext. Das kann Ihnen nicht nur dabei helfen, sich es wie durch eine Eselsbrücke besser merken zu können, sondern Sie auch in Gesprächen zu unterstützen, sich besser auszudrücken. Bilden Sie also kurze Sätze in der Fremdsprache, die das neue Wort in einem sinnvollen Kontext mit schon bekannten Begriffen verbinden. Eine andere Methode, um Kontextualisierung anzuwenden, ist eine kurze Geschichte in der Fremdsprache zu schreiben, die alle Wörter beinhaltet, die Sie lernen möchte. Auch so erhält Ihr Gehirn Anhaltspunkte, in welchem Kontext es das Wort abspeichern kann, was das Lernen erleichtert.

Aber wie so oft ist auch diese Methode mit Vorsicht zu genießen. Denn lernen Sie das Wort nur im Kontext, besteht die Gefahr, dass Ihr Gehirn sich das Wort gar nicht wirklich merkt, sondern es beim Lernen immer nur aus dem Kontext erschließt. Wenn Sie dann selbst einen ähnlichen Satz in der Fremdsprache sagen möchten, kann das zu Problemen führen, da Sie das Wort nur in exakt dem Umfeld kennen, in dem Sie es gelernt haben.

e) Die Goldlist-Methode

Wenn Sie die Goldlist-Methode richtig anwenden, dann können Sie Vokabeln lernen, ohne tatsächlich aktiv zu lernen! Klingt großartig, denken Sie nicht? Einfach gesagt nutzt die Goldlist-Methode das Aufschreiben von Vokabeln, um diese in das Langzeitgedächtnis zu befördern. Bevor wir mit der Beschreibung der Methode beginnen, möchte ich Ihnen ein paar Hinweise geben, wie Sie mit der Methode lernen sollten. Sie sollten nie mehr als 20 Minuten am Stück lernen, denn sonst funktioniert diese Methode nicht perfekt. Nehmen Sie sich stattdessen zwischen zwei Lernphasen eine zehn- bis zwanzigminütige Pause. Während der Anwendung sollten Sie sich keinen Stress machen und sich nur auf das Schreiben konzentrieren. Damit die Goldlist-Methode am meisten Wirkung zeigt, sollten Sie sie täglich anwenden. Auch wenn es an manchen Tagen nur 20 Minuten sind, die Sie aufwenden, werden Sie schnell große Erfolge erlangen. Nun aber dazu, wie die Methode überhaupt funktioniert.

Du benötigst ein Notizbuch oder einen Schreibblock. Diesen schlägst du auf der zweiten Seite auf. Wichtig ist, dass die Rückseite dieser Seite frei ist, damit Sie dort Wörter aufschreiben können. Auf der zweiten Seite nummerieren Sie die Zeilen von 1 bis 25 durch und notieren sich das Datum in der oberen rechten Ecke. Das wird Ihre sogenannte „Head List" sein. Nehmen Sie sich immer nur eine Zeile gleichzeitig vor und schreiben Sie in diese zuerst die Vokabel in der Zielsprache, und dahinter die dazugehörige Übersetzung in der Muttersprache. Gehen Sie erst dann in die nächste Zeile über. Hier ist ein Beispiel, wie das Ganze aussehen könnte:

1. las vacaciones, der Urlaub / die Ferien
2. el contacto, der Kontakt
3. blanco, weiß
4. la montaña, der Berg
5. …

Und so weiter und so fort. Füllen Sie alle 25 Zeilen auf diese Art und Weise aus, aber beachten Sie dabei folgendes: Versuchen Sie sich nicht, die Wörter zu merken, sondern konzentrieren Sie sich einzig und allein auf das Schreiben. Das ist das Geheimnis der Goldlist-Methode. Denn diese folgt der These, dass sich durch den Versuch, sich ein Wort zu merken, sofort das Kurzzeitgedächtnis aktiviert. Das Ziel des Vokabellernens ist aber das Erreichen des Langzeitgedächtnisses, was durch klassisches Lernen demnach gar nicht aktiviert wird. Nun aber erst mal weiter in der Methode. Wenn Sie alle 25 Zeilen ausgefüllt haben, nehmen Sie sich eine kurze Pause und trinken Sie einen Schluck Wasser. Daraufhin können Sie, wenn Sie möchten, direkt mit der nächsten Head List beginnen! Dafür blättern Sie die Seite um und schreiben nun auf der nächsten linken Seite im Notizbuch. Das sollte Seite 4 sein. Nutzen Sie hier die exakt gleiche Vorgehensweise, die Nummerierung muss aber logischerweise mit der

Nummer 26 beginnen. Auf diese Art und Weise dürfen Sie jetzt so viele Head Lists machen, wie Sie möchten. Haben Sie neue Vokabeln, die Sie lernen möchten? Kein Problem, beginnen Sie einfach wieder in der linken oberen Ecke einer Doppelseite. Beachten Sie Ihre geschriebenen Listen für mindestens zwei Wochen einfach gar nicht. Während der Zeit können Sie neue Seiten vollschreiben, aber wenn das Datum in der oberen rechten Ecke einer Seite weniger als zwei Wochen zurückliegt, schauen Sie diese gar nicht an.
Nach dieser Zeitperiode (im vorherigen Beispiel also am 12. August) ist es Zeit, die erste Liste zu kürzen. Dabei wird es Ihr Ziel sein, die Head List mindestens 30 Prozent kleiner zu machen. Von den 25 Vokabeln dürfen am Ende also nur noch 17 Wörter übrigbleiben. Das können Sie mit 3 verschiedenen „Waffen" erledigen. Die erste Waffe ist, dass Sie sich noch an die Vokabel erinnern. Dann dürfen Sie sie einfach wegstreichen. Wenn Sie alle anderen Wörter durchgegangen sind und mit dieser Waffe noch nicht 30 Prozent wegkürzen konnten, greifen Sie zu der zweiten Waffe. Erinnern Sie sich noch an vorhin, wo ich meine Beispielliste gezeigt habe? Ich zeige Sie Ihnen noch einmal einen Ausschnitt:

3. blanco, weiß
4. la montaña, der Berg

Aus diesen zwei Vokabeln können sie mit Ihrer zweiten Waffe ganz einfach eines machen, indem Sie die beiden kombinieren.

3. blanco, weiß
☐ la montaña blanca, der weiße Berg
4. la montaña, der Berg

Sehen Sie sich nun Ihre Liste an und suchen Sie nach Möglichkeiten, zwei Wörter in eines zusammenzufassen. Nun sollten Sie eigentlich schon unter 17 Wörtern sein. Wenn nicht, dann bleibt nur noch eine letzte Möglichkeit, die dritte Waffe. Suchen Sie sich die Vokabeln heraus, die Sie am wenigsten interessieren, und streichen Sie von diesen so viele durch, bis Sie nur noch 17 Wörter auf Ihrer Head List stehen haben. Das mag für Sie jetzt drastisch wirken, aber halten Sie sich bitte an die Regeln der Methode, wenn Sie damit Erfolg haben möchten.

Sobald Sie nur noch 30 Prozent der ursprünglichen Liste übrighaben, schreiben Sie die übriggebliebenen 17 Vokabeln auf die benachbarte rechte Seite des Notizbuches. Das könnte dann so aussehen:

1. las vacaciones, der Urlaub / die Ferien
2. el contacto, der Kontakt
3. blanco, weiß
☐ la montaña blanca, der weiße Berg
4. la montaña, der Berg
...
17. la mesa, der Tisch

Sie haben nun Ihre „Verkürzte Liste #1" geschrieben.

Diesen Prozess müssen Sie mit jeder Head List durchgehen, aber erst zwei Wochen nach ihrer Erschaffung! Nachdem Sie die „Verkürzte Liste #1" wieder zwei Wochen liegen gelassen haben, werden Sie nun eine erneute Kürzung um 30 Prozent vornehmen. Notieren Sie sich dafür unter der „Verkürzten Liste #1" die Zahlen 1 bis 12. Gehen Sie wieder nach dem gleichen Prinzip wie vorhin vor (Erinnern -> Kombinieren -> Entfernen), bis Sie nur noch zwölf Vokabeln in Ihrer „Verkürzten Liste #2" stehen haben. Vergessen Sie nicht, das Datum aufzuschreiben!

Sie können es sich bestimmt schon denken, was als nächstes passiert. Nach weiteren zwei Wochen schreiben Sie Ihre „Verkürzte Liste #3" in den leeren Zeilen unter der Head List. Diese beinhaltet 8 Zeilen und die Doppelseite sollte jetzt komplett gefüllt sein. Sie fragen sich jetzt vielleicht, wie es weitergehen soll. Nun, bisher haben Sie tatsächlich nur mit Ihrem Bronze-Buch gearbeitet. Um weiterzuarbeiten, benötigen Sie ein zweites Notizbuch (oder einen Schreibblock etc.). Dieses Silber-Buch führen sie ganz normal wie das Bronze-Buch und starten wieder auf Seite 2 mit 25 Vokabeln. Diese Vokabeln sind aber nicht neu, sondern stammen alle aus den dritten verkürzten Listen des vorherigen Buches. So entsteht Ihre vierte Liste. Auf diese Art und Weise füllen Sie nun langsam das Bronze-Buch auf.

Doch auch dort werden Sie an Ihre Grenzen geraten. Denn wenn Sie Liste Nummer 7 erreichen, wird es

Zeit für das nächste Buch: das Gold-Buch. Zu diesem Zeitpunkt sollten Sie sich die Wörter, die immer noch übrig sind, wirklich langsam gemerkt haben.

Obwohl die Erklärung die Methode ein wenig kompliziert wirken lässt, ist es im Prinzip eigentlich viel simpler als andere Methoden des Vokabellernens. Doch wie bei allen Dingen im Leben, die perfekt wirken, hat auch dieses hier einige Haken. Erinnern Sie sich daran, wie ich am Anfang gesagt habe, dass Sie beim Aufschreiben der Wörter nicht versuchen sollen, diese zu lernen? Einige Menschen können das nicht und mehrere Wissenschaftler sind sogar der Meinung, dass es nicht möglich ist, Vokabeln aufzuschreiben, ohne dass sich das Kurzzeitgedächtnis diese merkt. Das schmeißt jedoch das ganze Prinzip um, auf dem die Goldlist-Methode gebaut ist. Natürlich sind andere Leute anderer Meinung, aber ich wollte die Ansichten von allen Seiten hier aufnehmen. Außerdem fehlt bei dieser Methode ein Aspekt, der bei fast jeder anderen vorgestellten Methode dabei ist: der Kontext. Dieser ist elementar wichtig beim Lernen neuer Vokabeln, da durch ihn es Ihnen viel einfacher fallen wird, selbst Sätze zu bilden. Außerdem, auch wenn es auf den ersten Blick nicht so scheint, kann die Goldlist-Methode sehr schnell extrem zeitaufwändig werden. Am Anfang ist man von den nur 20 Minuten Zeitaufwand täglich begeistert, aber nach jeder Kürzung werden es immer mehr und mehr Listen, die

Sie lernen müssen, da Sie ja auch neue Vokabeln hinzufügen.

Eine Zauberformel ist also auch diese Methode nicht – aber das will und kann sie ja auch nicht sein. Wenn Sie möchten, schlage ich Ihnen vor, dass Sie sich ein eigenes Bild der Goldlist-Methode machen können. Oder aber Sie kombinieren die Methode mit einer anderen, die Sie bereits anwenden.

f) Total Physical Response

Diese Methode ist eher schwer, alleine anzuwenden. Sie wird oft von Lehrern angewendet, um eher jüngeren Schülern Vokabeln beizubringen. Überspringen Sie diesen Punkt jedoch nicht, denn obwohl sie vielleicht nicht die ursprüngliche Zielgruppe der Methode sind, können sie dennoch etwas aus der Vorgehensweise lernen. Total Physical Response ist nämlich eins der wenigen Methoden, die besonders auf den motorischen Lerntypen abzielen. Dieser Typ, der auch haptischer oder kinästhetischer Lerntyp genannt wird, lernt am besten, wenn er den Stoff mit Bewegungen des Körpers verbindet und Handlungsabläufe selbst durchführen kann. Für ihn ist es besonders wichtig, dass er mit dem „Learning by doing"-Prinzip eigene Erfahrungen sammelt. Wenn Sie mehr über die verschiedenen Lerntypen erfahren möchten, lesen Sie Kapitel V). Dort sind alle Typen aufgelistet und ich erkläre, dass man einen Menschen nicht nur in eine der Kategorien einteilen kann.

Sehr viele Menschen lernen aber extrem gut mit Bewegungen, obwohl ihnen das gar nicht bewusst ist. Sie haben einfach nie die Chance bekommen, so zu lernen. Ich möchte Ihnen jetzt aber diese Chance geben und die Lehrmethode erklären.

Bevor der Unterricht startet, sucht sich der Lehrer eine Liste von Vokabeln aus, die man in irgendeiner Art und Weise durch eine bestimmte Reaktion des Körpers darstellen kann. Das können bestimmte Aktionen sein (Nicken, Zittern, Drehen), alltägliche Handlungen (Zähne putzen, Auto fahren), Befehle (Hinsetzen, Springen) oder auch Vokabeln im Kontext des Schulunterrichts (Schau zur Tafel, Öffne das Buch).

Wenn die Schüler dann da sind, nennt der Lehrer die englische Vokabel und macht die dazugehörige Bewegung. Die Schüler imitieren nun dieses, während sie die Vokabel wiederholen. Vorausgesetzt, dass dies über einen gewissen Zeitraum wiederholt wird, verbindet das Gehirn die Vokabel automatisch mit der Bewegung. Ganz auf geschriebenen Text sollte aber nicht verzichtet werden: Um die richtige Schreibweise zu lernen, sollte die Vokabel öfters auch mal aufgeschrieben werden. Dies lässt sich aber in Grammatikübungen gut einbauen. Im Gespräch mit Lehrern, die diese Methode anwenden, haben mir einige von ihrer ganz eigenen Variation erzählt: Sie spielen das Spiel

„Simon Says" mit den Vokabeln und Befehlen der Fremdsprache. Falls Sie das Spiel nicht kennen, hier eine Kurzfassung: Der Lehrer gibt einen Befehl ab (zum Beispiel: „Spring in die Luft", also „Jump in the air" auf Englisch). Die Schüler müssen jetzt alle diesen ausführen, aber nur, wenn vor dem Befehl „Simon says" gesagt wurde. Führt jemand einen Befehl, der mit „Simon Says" beginnt, nicht oder falsch aus, dann fliegt der Schüler aus dem Spiel und muss in den nächsten bei anderen Spielern nach Fehlern suchen. Wenn er den Befehl ausführt, ohne dass „Simon says" davorgesetzt wurde, fliegt er ebenso aus dem Spiel. Das mag für Sie jetzt ein wenig kindisch klingen, und – ich gebe es zu das ist es auch. Aber gerade mit ein wenig kindischeren Spielen lernt das Gehirn besonders gut. Wenn es nicht um die Fremdsprache Englisch geht, sollte man den „Einleitungssatz" natürlich ersetzen (statt „Simon says" im Spanischen „Simon dice").

Es gibt gute Gründe, warum manche Lehrer von dieser Methode hellauf begeistert sind. Einmal fördert Sie neben dem auditiven vor allem den motorischen Lerntypen, was wie schon erwähnt – nicht viele Lernmethoden tun. Außerdem führen mehrere die Ergebnisse von Sprachwissenschaftlern an. Diese sagen, dass die Total Physical Response-Methode besonders effektiv ist, da Sie sowohl die linke als auch die rechte Gehirnhälfte aktiviert und stimuliert. Sicherlich ein weiter Grund für den Erfolg von TPR wird deutlich, wenn man – wie ich das getan habe – Schüler befragt. Diese

Art des Lernens macht ihnen einfach Spaß, was bei anderen Methoden und allgemein im Leben oft viel zu kurz kommt.

g) Lernen im Schlaf

Es klingt wie ein Traum: Wie großartig wäre es denn, wenn man einfach während dem Schlafen eine neue Sprache lernen könnte? Vielleicht haben Sie auch schon einmal daran gedacht. Ich habe gute Neuigkeiten für Sie: Lernen im Schlaf funktioniert tatsächlich. Das konnten jetzt schon mehrere Wissenschaftler in groß angelegten Studien beweisen. Natürlich müssen Sie sich auch tagsüber mit der Sprache beschäftigen, aber der Schlaf wird das Gelernte sehr verfestigen und den Lernprozess beschleunigen.

Während den Studien haben die Teilnehmer einen Tag lang durchgelernt und wurden 12 Stunden nach dem Lernen über das gelernte Thema abgefragt. Einige der Probanden haben aber zwischen dem Lernen und dem Test genug Schlaf erhalten, während andere wachgehalten wurden. Das Ergebnis war eindeutig: Die Teilnehmer, die lange geschlafen haben, erzielten deutlich bessere Ergebnisse.

Das liegt vermutlich daran, dass das Gehirn während dem Schlaf keine Reize empfangen muss und deshalb Zeit hat, die Gedanken und Erinnerungen des Tages einzuordnen. Die effektivste Methode ist also, Vokabeln und anderen Stoff am Tag zu lernen und am Abend, kurz vor dem Schlafen gehen, alles noch einmal kurz durchzugehen. Um die beste Wirkung zu erhalten, sollten Sie natürlich auf einen gesunden Schlaf achten. Gewöhnen Sie sich einen gesunden Schlafrhythmus an, gehen Sie also jeden Tag (auch am Wochenende) zum gleichen Zeitpunkt ins Bett und stehen Sie zur gleichen Zeit auf. Achten Sie auch auf eine ruhige und komplett abgedunkelte Atmosphäre. Der Raum sollte außerdem eine gute Luftfeuchtigkeit und Temperatur haben. Benutzen Sie kurz vor dem Schlafengehen keine elektrischen Geräte mit Displays, denn diese strahlen vor allem blaues Licht aus, was das Einschlafen erschwert. Kaffee und andere koffeinhaltige Getränke sorgen für unruhigeren Schlaf. Fahren Sie am besten eine halbe Stunde vor dem Schlafen alle Ihre Aktivitäten herunter und versuchen Sie, sich keinen extremen Reizen mehr auszusetzen und sich selbst zu beruhigen. Auch Meditation hilft, sich beim Einschlafen nicht mehr wegen den Gedanken des Tages im Bett herumwälzen zu müssen.

Vielleicht sind Sie aber auch auf die Idee gekommen, sich während dem Schlaf einfach Vokabeln vorspielen zu lassen. Auch dazu sind Studien erstellt worden, die

Ergebnisse sind jedoch nicht so deutlich. Es lässt sich darauf schließen, dass es im Prinzip schon möglich ist, neue Vokabeln im Schlaf aufzunehmen. Das ist jedoch weit weniger effektiv, als die Vokabeln am Tag vorher wenigstens einmal durchzugehen.

Kapitel: <u>V) Die Theorie des Lernens</u>

Bevor wir zu den praktisch anwendbaren Methoden kommen, halte ich es für wichtig, die verschiedenen wissenschaftlichen Ansätze hinter diesen genau zu analysieren. Denn um zu verstehen, was die richtige Lernmethode für Sie ist, sollten Sie verstehen, warum diese Methoden funktionieren und welche Vorgehensweisen in der Vergangenheit genutzt wurden. Denn die Menschheit beschäftigt sich nun schon seit fast 100 Jahren intensiv mit diesem Thema und es wurden von zahlreichen Wissenschaftlern viele Hypothesen aufgestellt, die ich Ihnen im Nachfolgenden erläutern werde.

a) Hypothesen der Sprachforschung

i. Die Kontrastivhypothese

Die im Jahre 1974 von Fries vorgestellte Kontrastivhypothese besagt, dass die Muttersprache des Lernenden stark das Lernen der Fremdsprache beeinflusst. Das kann übrigens in beide Richtungen funktionieren. Wenn die Muttersprache und die Fremdsprache in ihrer Struktur und Regeln ähnlich sind, wird man auch automatisch einfacher und schneller lernen. Gibt es jedoch größere Unterschiede, wird auch das Lernen schwieriger. Wenn man nach dieser Hypothese geht, kann man, ohne den Lernenden zu kennen, abschätzen, wie lange dieser zum Erlernen der Fremdsprache brauchen wird. Denn bei dieser Methode ist nicht die Person wichtig, die die Sprache lernen will, sondern die Sprachen an sich. Ähnlichkeiten zwischen den zwei Sprachen können im Satzbau liegen, bei Grammatikregeln oder auch nur in ähnlichen Wörtern. Wie der Titel dieses Absatzes jedoch schon sagt, ist das Ganze eine Hypothese. Wissenschaftler sind sich immer noch unsicher, inwiefern die Gemeinsamkeiten der Sprachen wirklich eine Auswirkung auf das Lernverhalten haben. Auch muss die Sprache ja nicht schwerer zu lernen sein, nur weil sie anders ist. Vielleicht machen diese Unterschiede es sogar leichter.

Wenn Sie ein Beispiel wollen, vergleichen Sie nur einmal die Artikel im Deutschen (der, die, das) und im Englischen (the).

ii. Die Monitortheorie

Die Monitortheorie besagt, dass man eine Sprache durch Gespräche und soziale Interaktionen erlernt. Diese Theorie haben wir alle schon erlebt, als wir unsere Muttersprache erlernt haben. Laut der Monitortheorie beobachtet man zuerst bestimmte Muster der Sprache und ahmt diese dann selbst nach, wie es eben ein Kind tun würde. Dafür ist es noch wichtig, dass man oft konstruktives Feedback zurückbekommt, da sich sonst Falsches ins Gehirn einbrennen kann.

iii. Die Identitätshypothese

Die Identitätshypothese besagt so ziemlich genau das Gegenteil der vorher vorgestellten Kontrastivhypothese. Während diese nämlich von einem krassen Unterschied zwischen Lernen der Mutter- und Fremdsprache ausgeht, ist der Prozess nach der Identitätshypothese gleich. Laut der Hypothese folgen alle Sprachen demselben Muster und sind übertragbar. Somit ist auch jeder prinzipiell dazu fähig, jede Sprache zu lernen. Außerdem sagt die Identitätshypothese aus, dass das Lernen ein kreativer Vorgang ist. Dabei schließt der Lernende beim Beschäftigen mit der Sprache selbst auf einige Grundsätze und muss Fehler machen, um Fortschritte zu erlangen.

iv. Die Interlanguagehypothese

Die Interlanguagehypothese kann man als Mischung zwischen der Kontrastivhypothese und Identitätshypothese ansehen. Laut ihr bildet jeder Lernende ein flexibles Sprachsystem, welches eine Mischung aus Mutter- und Fremdsprache ist. In diesem System sind also Merkmale und Regeln der beiden Sprachen enthalten. Dieses System ist für jeden Menschen individuell und verändert sich ständig, genauso wie sich das eigene Verständnis der Sprache ändert.

b) Ansätze der Sprachforschung

i. Der nativistische Ansatz

Laut dem nativistischen Ansatz (lat. nativus = angeboren, natürlich) hat jeder Mensch seit seiner Geburt eine Art grundsätzliche Veranlagung dazu, Sprachen zu erlernen. Der Prozess des Sprachenlernens ist demnach nur ein Mittel, um diese inneren Veranlagungen zum Vorschein zu bringen. Vertreter von diesem Ansatz sind der Meinung, dass alle Sprachen systematisch gleich aufgebaut sind und man daher Dinge wie die Grammatik gar nicht lernen muss. Als Grundlage wird hier oft die Tatsache vorangestellt, dass kleine Kinder schon nach nur ein bis zwei Jahren ein so komplexes Konstrukt wie die Sprache verstehen können, während sie von dem Begreifen anderer, ähnlich komplexer Dinge noch viele Jahre entfernt sind. Die Fähigkeit, eine Sprache zu lernen, muss also nativ sein.

ii. Der behavioristische Ansatz

Dieser Ansatz wurde im 20. Jahrhundert geprägt und besagt folgendes: Man lernt eine Sprache durch Nachahmung und darauffolgende Belohnung beziehungsweise Konditionierung. Wenn man miteinander spricht und das Gegenüber das Gesagte versteht, wird derjenige eine Reaktion zeigen, was der Belohnung entspricht. Versteht Sie Ihr Gegenüber jedoch nicht, werden Sie auch keine Rückmeldung erhalten, was ein negatives Gefühl erzeugt. Es kommt natürlich selten vor, dass jemand komplett ohne Sprachkenntnisse in einem fremden Land ankommt und sich dann wirklich von unbedeutenden Lauten bis zur Beherrschung der Sprache hocharbeitet, doch Kleinkinder nutzen genau diesen Ansatz.

iii. Der kognitive Ansatz

Der Kognitivismus geht davon aus, dass Kinder nur eine Sprache lernen können, wenn Sie bestimmte Denkleistungen schon erbringen können und setzt damit die Entwicklung des Gehirns direkt in Verbindung mit der Sprachbeherrschung. Zu den erforderlichen Denkleistungen zählen die Fähigkeit, seine Perspektive wechseln zu können, das Verständnis, dass Objekte auch existieren, die sich nicht im Blickfeld befinden und komplette Erfassung der Umwelt. So kann sich das Kind bestimmte Gegenstände vorstellen und diese später mit konkreten Worten verbinden, wodurch es die Sprache erlernt.

iv. Der interaktionistische Ansatz

Interaktionismus besagt, dass jeder Mensch ein grundsätzliches Verlangen danach hat, sich mit seinen Mitmenschen auszutauschen. Bei Kleinkindern beginnt dieses Verlangen schon sehr früh. Auch wenn sich diese noch nicht mit Worten ausdrücken können, stoßen Sie oft Laute aus oder schauen eine Sache gezielt an und teilen so indirekt etwas mit. Überhaupt ist die Kommunikation mit der Mutter so ziemlich die erste Form der menschlichen Interaktion, die jeder von uns erlebt. Diese Interaktion wird noch intensiver, wenn die Mutter oder eine andere Bezugsperson beginnt, einfache Reime oder Lieder zu wiederholen. Das gilt auch für die alltäglichsten Phrasen, wie „Hallo", wenn etwas oder jemand auftaucht und „Tschüss", wenn etwas oder jemand verschwindet. Ziemlich schnell begreift das Kind dann den Sinn dieses Wortes und wird versuchen, es nachzuahmen. So erlernt es Schritt für Schritt die Sprache.

Kapitel: VI) Eine Übersicht über Lautschrift

Noch ein letztes Werkzeug möchte ich Ihnen an die Hand geben, bevor wir mit Lernmethoden starten: Die Lautschrift. Dieses, auch phonetische Schrift genannte Schriftsystem ist essenziel nötig für das Lernen ohne Hilfe von Muttersprachlern und kann selbst mit diesen beim Lernen eine große Hilfe sein. Denn wenn Sie einmal nicht wissen, wie ein bestimmtes Wort ausgesprochen wird, haben Sie sonst wenig andere Möglichkeiten. Nun denken Sie vielleicht, dass Sie doch auch einfach im Internet nachsehen können. Genug Angebote, an denen Sie Worte korrekt ausgesprochen abspielen können, gibt es ja. Aber Sie werden sicher in eine Situation kommen, in der Sie keinen Internetzugang haben oder einfach still sein müssen. Deshalb möchte ich Ihnen allen ans Herz legen, dieses System zu lernen, wenn Sie es mit dem Sprachenlernen ernst meinen.

Was ist die phonetische Schrift nun überhaupt? Das Schriftsystem wurde entwickelt, um die Aussprache von Lauten und Lautketten in geschriebener Form darzustellen. Es gibt verschiedene Lautschriften, und obwohl die Teuthonista-Umschrift in Deutschland einigermaßen beliebt ist, werde ich mich in diesem Kapitel auf das international am weitesten verbreitete IPA (Internationales Phonetisches Alphabet) konzentrieren. Dieses wird in so gut wie allen Wörterbüchern und auch in der Wikipedia genutzt. Die aktuelle Version besteht aus ganzen 107 Buchstaben und 52 weiteren Zeichen. Erkenne können Sie die Lautschrift in einem Wörterbuch meist durch Schrägstriche vor und nach der phonetischen Schrift. Diese Buchstaben und Zeichen sind zwar alle einem bestimmten Laut zugeordnet, doch Sie sollten aufpassen. Denn manchmal kann es vorkommen, dass eines der Symbole anders ausgesprochen wird, wenn diesen ein anderer Laut nachgeht. Außerdem dürfen Sie sich, wenn Laute in der gewohnten lateinischen Schrift notiert sind, nicht darauf verlassen, dass er auch wie in der Muttersprache gewohnt ausgesprochen wird. Bauen Sie die Lautschrift am besten in Ihr alltägliches Vokabellernen mit ein, um das IPA zu verinnerlichen. Eine ganze Erklärung des IPA würde den Rahmen dieses Buches sprengen, aber auf der Website des IPA oder dem dazugehörigen Wikipedia-Artikel werden Sie gute Anleitungen finden.

Kapitel: VII) Die Suche nach den besten Lernmethoden

Wie für die meisten von Ihnen begann meine Erfahrung mit Fremdsprachen in der Schule. Ab der 5. Klasse musste ich Englisch pauken. Und auch wenn ich kein schlechter Schüler war, hatte ich doch nie Spaß daran. Nicht wenige junge Menschen quälen sich 12 Jahre lang durch Englischunterricht, um am Ende die Fremdsprache nicht fließend zu beherrschen. Auf der anderen Seite stehen polyglotte Personen, die teilweise zwanzig, dreißig Sprachen sprechen. Das liegt nicht etwa daran, dass unsere Schüler untalentiert oder gar dumm sind. Tatsächlich liegt es an der Art und Weise, wie die Sprache vermittelt wird. Veraltete Lernmethoden und nicht muttersprachliche Lehrer führen zu frustrierten Schülern und keinem nachhaltigen Ergebnis.

Doch mittlerweile muss jeder Vierte in seinem Beruf eine Fremdsprache beherrschen, meistens Englisch. Und auch eine zweite Fremdsprache wird immer öfter zur Voraussetzung. Für einen Großteil der Arbeitnehmer, die in der Schule nie richtig unterrichtet wurden, bedeutet das, dass Sie entweder die schon gelernte Fremdsprache auffrischen oder gar eine weitere Sprache dazulernen müssen.

Als ich mich vor einigen Jahren in dieser Position befand – ich musste in meinem Journalismus Studium auf mehr als nur einer oberflächlichen Ebene in Englisch diskutieren können, zog ich mehrere Methoden in Betracht – von Unterricht beim Privatlehrer bis zu Sprachkursen im Ausland. Die meisten dieser Wege waren mir jedoch zu zeit- oder kostenintensiv. Darum habe ich mich auf die Suche nach den besten Methoden zum Sprachenlernen gemacht. Doch wie schon erwähnt, funktioniert nicht jede Lernmethode für jeden Lerntypen. Grob unterteilt gibt es vier verschiedene von diesen: Der Auditive Lerntyp, der die Fremdsprache vor allem durch das Hören der Sprache erlernt; der Kognitive Lerntyp, der sich Grammatikregeln sehr einfach aneignen kann und gerne Vokabeln lernt; der Visuelle Lerntyp, der sich Dinge gerne bildlich vorstellt; und der Motorische Lerntyp, der sich Fremdsprachen durch Bewegungen wie Sport aneignet. Viele der hier vorgestellten Lernmethoden ziehen vor allem auf ein bis zwei dieser Lerntypen ab, da die meisten Menschen durch eine Mischung dieser Lerntypen am effektivsten Lernen. Was Sie nun vielleicht merken, ist, dass diese Lerntypen auf den Sinnen des Menschen basieren. Es wurde nämlich schon oft von Wissenschaftlern die Verbindung von Sinnen und dem Lernen neuer Dinge geknüpft. Dabei gilt der Grundsatz, je mehr Sinne aktiviert lernen, desto besser behält das Gehirn das Gelernte.

Nun aber genug Gerede: Lassen Sie uns mit den besten Lernmethoden für alle verschiedenen Typen beginnen!

a) <u>Die Birkenbihl-Methode</u>

Die von der deutschen Autorin Vera F. Birkenbihl entwickelte Methode zum Erlernen von Sprachen besteht im Wesentlichen aus nur vier Schritten. Obwohl sie erst einmal ungewöhnlich erscheint, hat diese Methode viele Anhänger. Also lesen Sie sich am besten erst die ganze Beschreibung durch, bevor Sie sich ein vorschnelles Bild machen.

Die Methode macht sich das Grundprinzip der Immersion zu Nutze. Damit ist die Praxis gemeint, sich komplett mit der Sprache zu umgeben. Die Muttersprache wird in der Birkenbihl-Methode nur als Stütze genutzt, und verschwindet während des Lernens komplett. Damit unterscheidet sich diese Methode sehr von dem konventionellen Weg, der auch in der Schule gebraucht wird. Dieser hat nämlich den großen Nachteil, dass Schüler Grammatikregeln und Vokabeln auswendig herunterbeten können, im alltäglichen Sprachgebrauch aber nicht gut sind.

Wie schon erwähnt, besteht die Birkenbihl-Methode aus vier Schritten. Der erste Schritt wird als Dekodierung bezeichnet und funktioniert folgendermaßen: Sie nehmen sich einen kurzen Text oder nur einen Satz in der Fremdsprache zu Hand. Nun übersetzen Sie den Satz Wort für Wort – ohne dabei auf Grammatik- oder Satzstellungsregeln der Muttersprache zu achten. Am besten ist dies umsetzbar, wenn eine große Kopie des zu übersetzenden Satzes vorliegt – dort kann unter jedem Wort die entsprechende „1 zu 1"-Übersetzung notiert werden. Dadurch kennen Sie schon den Sinn und Inhalt des Textes. Hilfsmittel dürfen hier benutzt werden. Es wäre ideal, wenn zusätzlich noch ein Muttersprachler für Rückfragen zur Verfügung stehen würde, aber ein Wörterbuch (ob online oder offline, das spielt keine Rolle) kann auch funktionieren.

Ein Beispiel:

I like traveling to new countries, because their culture is fascinating.

Ich mag reisen zu neuen Ländern, weil ihr(e) Kultur ist faszinierend.

Während das rein grammatikalisch gesehen natürlich keinen Sinn macht und jeder Deutschlehrer sich schon längst alle Haare herausgerissen hätte, versteht man doch den Sinn. Ich bin mir sicher, dass Sie den dekodierten Satz so umformen könnten, dass ein sinnvoller deutscher Satz entsteht. Und das ist der Punkt: Beim

Dekodieren lernt man nicht die Grammatik der Muttersprache, sondern eine Fremdsprache.

Bei dem nächsten Schritt, der „Aktives Hören" heißt, wird der dekodierte Text wieder zur Hand genommen. Während Sie den dekodierten Text in der Muttersprache lesen, hören Sie jedoch gleichzeitig das Gelesene in der Fremdsprache. Dabei versuchen Sie, die gehörten Wörter mit den geschriebenen in Verbindung zu bringen. Geschwindigkeit spielt hier übrigens keine Rolle. Denn bei Schritt 2 zählt einzig und allein, dass die Wörter miteinander in Verbindung gebracht werden und sich der Klang der Wörter in das Gehirn einprägt. Darum ist es auch wichtig, dass Sie sich voll auf diese Übung konzentrieren und den Text so oft wiederholen, bis Sie alles verstanden haben.

Der dritte Schritt der Birkenbihl-Methode nennt sich „Passives Hören". Hier soll sich der Lernende mit anderen Dingen beschäftigen und nebenbei die Fremdsprache hören. Sie sind es gewöhnt, ständig von Ihrer Muttersprache umgeben zu sein – schon Babys im Mutterleib geht es so. Durch diese Praxis wird sich die Fremdsprache langsam, aber sicher in Ihr Unterbewusstsein einarbeiten. Im nächsten Gespräch in der Fremdsprache kommt dies Ihnen insofern zu Gute, dass Ihr Gehirn nicht mehr von den neuen Reizen überflutet sein wird, sondern Sie sich voll und ganz auf das Gesagte konzentrieren können. In der Praxis kann das Passive Hören sehr einfach in den Alltag integriert werden. Beim Aufräumen, Sport und Kochen ist das Gehirn nicht zu sehr beschäftigt und kann voll in die Fremdsprache eintauchen. Möglichkeiten, die Sprache zu hören, gibt es viele. Eine Empfehlung meinerseits ist Podcasts, von denen es viele kostenlos im Internet gibt. Auch Hörbücher sind eine Möglichkeit. Wichtig ist nur, dass das Gesprochene ungefähr Ihrem Sprachniveau entspricht.

Schritt 4 sind weitere Lernaktivitäten. Hier geht es um die aktive Anwendung der Fremdsprache. Um welche Aktivität es sich dabei handelt, ist prinzipiell egal. Einen Film oder Serie schauen, einen Text schreiben oder Audiodateien hören. Sie sollten nur die Zielsprache aktiv anwenden – die gewählte Aktivität kann auf das Lernziel angepasst werden.

Nachdem Sie die Methode nun verstanden haben, sind Sie vielleicht ein wenig skeptisch. Durch diese vier Schritte soll es möglich sein, eine Sprache zu lernen? Tatsächlich gibt es auch Kritiker, die folgende Nachteile der Birkenbihl-Methode nennen:

Wenige Erfolgserlebnisse: Tatsächlich ist die Birkenbihl-Methode weniger belohnend als andere Wege. Lernt man eine Sprache beispielsweise konventionell, kann man die Vokabel für ein bestimmtes Wort lernen und am Ende des Tages stolz darauf sein, ein neues Wort gelernt zu haben. Bei der Birkenbihl-Methode ist das Lernen viel mehr ein Prozess, bei dem man einen langen Atem haben muss. Im Gegenzug fördert die Methode das langfristige Behalten der Sprache enorm.

Keine Kenntnisse von Grammatikregeln: Liegt das Hauptaugenmerk darauf, die Sprache sprechen und verstehen zu können, ist dieser Punkt nicht wichtig. Aber werden Sie Prüfungen ablegen müssen, bei denen Sie bestimmte Fachbegriffe nennen, die Sie durch die Birkenbihl-Methode nicht lernen werden.

Ich würde die Methode Ihnen aber nicht vorstellen, wenn ich nicht von Ihrer Wirksamkeit überzeugt wäre. Denn es gibt viele Vorteile, warum Sie diese Methode wählen sollten:

Zum Ersten ist Sie überall möglich, egal ob zu Hause oder unterwegs. Das Passive Hören kann sehr einfach in den Alltag eingebaut werden, weil es fast keine Vorbereitung und andere Materialien benötigt. Auch die weiteren Lernaktivitäten können in den Alltag integriert werden. Schauen Sie beim nächsten Mal Ihren Lieblingsfilm nicht auf Deutsch, sondern in der Fremdsprache! Die Methode ist außerdem sehr zeitökonomisch. Denn mit Ihr müssen Sie keine Sekunde Ihrer Zeit in das Passive Hören stecken, da es dafür konzipiert ist, mit anderen Aktivitäten verbunden zu werden. Die Zeit, in der Sie sowieso Sport getrieben oder aufgeräumt hätten, können Sie nun doppelt sinnvoll nutzen. Und drittens werden Sie mit der Methode einen langfristiger Lernerfolg erhalten. Durch die langwierige Einarbeitung in das Unterbewusstsein werden

Sie die Sprache effektiver lernen und länger behalten. Das macht die Birkenbihl-Methode auch zu einer guten Möglichkeit, um bereits gelernte Sprachen aufzufrischen.

Die Birkenbihl-Methode ist also ein etwas spezieller Weg, eine Fremdsprache zu erlernen. Wenn man sich aber voll darauf einlässt und keine Grammatikregeln lernen muss, sollte man diese Methode durchaus in Betracht ziehen.

b) Die Sprachreise

Eine Sprachreise ist ein Auslandsaufenthalt, bei der Sie an einer örtlichen Sprachschule Unterricht haben und klassischerweise mit einer Gastfamilie zusammenleben. Außerdem gibt es meist ein Rahmenprogramm, in dem Sie mit den anderen Schülern zusammen die Kultur des Gastlandes kennenlernen können. Eine Sprachreise können Sie als Pauschalreise bei einem Reiseveranstalter buchen, oder Sie stellen sich selbst eine Individualreise zusammen. Die Wahl des Landes und auch der Region ist extrem wichtig. Beliebte Ziele sind laut Statista Großbritannien, Malta, USA und Spanien. Eine Reise in ein näheres europäisches Land sollte deutlich einfacher planbar sein und auch günstiger sein. In vielen Regionen des von Ihnen ausgewählten Landes werden die Menschen mit einem teilweise extremen Dialekt sprechen. Auch das sollten Sie bei der Auswahl des Ziellandes beachten.

Ich kann Ihnen aus persönlicher Erfahrung versichern, dass Sie nirgendwo eine Sprache so gut lernen wie auf einer Sprachreise. Lernen Sie eine Sprache von Zuhause aus, dann konzentrieren Sie sich automatisch nur ein paar Stunden am Tag auf die Fremdsprache. Gehen Sie dagegen auf eine Sprachreise, werden Sie 24 Stunden am Tag und 7 Tage in der Woche nur mit der Sprache umgeben erlernen. Eine klassische Sprachreise läuft zwei Wochen lang, aber hier gilt die Devise: Je länger, desto besser. Sie werden eine Weile benötigen, um sich an die neue Situation zu gewöhnen. Um diese Zeit dann voll auszuschöpfen, müssen Sie sich selbst disziplinieren, auch wirklich nur mit Muttersprachlern Ihre Zeit zu verbringen. Sind Sie in einem Hotel untergebracht oder mit anderen Kursteilnehmern zusammen, ist die Versuchung groß, wieder in die gewohnte Muttersprache zu verfallen. Vermeiden Sie das um jeden Preis! Zahlen Sie lieber einen kleinen Aufpreis, um bei einer Gastfamilie oder getrennt von anderen Kursteilnehmern wohnen zu dürfen. Glauben Sie mir, es wird sich für Sie lohnen.

Ein weiterer Aspekt einer Sprachreise ist auch, dass Sie das Gelernte sofort und praxisgebunden umsetzen können. Auch werden Sie einen riesigen Motivationsschub erhalten, der für das Lernen einer Sprache so wichtig ist. Denn während Sie sich zuhause aufraffen müssen, Vokabeln zu wiederholen, können Sie auf einer Sprachreise beispielsweise in ein Restaurant gehen und austesten, wie weit Sie mit dem gelernten Vokabular kommen sein. Das Leben zwischen Muttersprachlern wird Sie fast schon dazu zwingen, die Sprache zu können. Auch werden Sie an die finanzielle Investition denken, die für Flug und Unterricht nötig war, was einen zusätzlichen Ansporn bewirkt. Wenn Sie es geschickt anstellen, werden Sie auf einer Sprachreise zusätzlich noch Kontakte mit Einheimischen knüpfen, die in der Zukunft sehr wertvoll sein werden. Wenn Sie wieder im Heimatland sind und irgendwann das Bedürfnis haben, sich mal wieder mit einem Muttersprachler zu unterhalten, können Sie Ihre Kontakte dann nutzen.

Eine Sprachreise wird Ihnen einiges an Geld kosten. Der Preis kommt auf das Reiseziel und die Dauer des Aufenthalts an. Die Veranstalter bieten Kurse für alle möglichen Fähigkeitsstufen an, aber die Preise zwischen den verschiedenen Organisationen variieren. Sie können versuchen, an Stipendien oder ähnliches zu gelangen, diese sind aber meistens nur für Schüler oder Studenten verfügbar. Vergleichen Sie deshalb unbedingt Preise, um das beste Angebot zu erhalten. Sie sollten aber mindestens mit 1500€ für eine zweiwöchige Reise rechnen – Flug und Unterkunft schon eingerechnet. Dieser Preis mag für Sie im ersten Moment zwar abschreckend wirken, aber meiner Meinung nach ist eine solche Sprachreise eine Investition in sich selbst. Und anders als bei anderen Investitionen, können Sie sich bei dieser sicher sein, dass Sie einen enormen realen Wert zurückbekommen werden. Es ist natürlich völlig verständlich, wenn Sie für eine Sprachreise nicht genug Kleingeld oder schlicht keine Zeit haben. Auch Sie haben schließlich ein beschäftigtes Leben. Vielleicht können Sie stattdessen versuchen, eine Sprachreise zu simulieren. Nehmen Sie sich einige freie Tage vor, in der Sie sich vornehmen, kein Wort Ihrer Muttersprache zu sprechen, hören oder zu lesen. Das ist eine große Herausforderung, da Sie offensichtlich bei einer extremen Simulation nicht Ihr Haus verlassen dürften. Soweit müssen Sie aber gar nicht gehen. Bei den Dingen, bei denen Sie eine Wahl haben – also Fernsehgerät, Radio, Zeitschrift etc. und wählen Sie an diesen Tagen die fremdsprachige Version von diesen. Unterhalten Sie sich mit Tandempartnern oder fremdsprachigen Kontakten nur in der Fremdsprache. Während das natürlich nicht ansatzweise an eine echte Sprachreise herankommt, ist es dennoch eine gute Übung.

Haben Sie sich für eine Sprachreise entschieden, dann Herzlichen Glückwunsch! Nutzen Sie den Motivationsschub vor der Reise, um sich optimal darauf vorbereiten. Unterhalten Sie sich so häufig wie möglich mit Lernpartnern, simulieren Sie Urlaubssituationen und lernen Sie passende Vokabeln. Irgendwann wird der Zeitpunkt kommen, und Sie gehen auf Ihre Reise. Das meiste holen Sie aus Ihrer Sprachreise heraus, indem Sie aktiv auf Muttersprachler zugehen. Informieren Sie sich im Internet über Veranstaltungen, die Sie besuchen können und machen Sie es sich zur Mission, möglichst viele Menschen zu treffen und sich möglichst oft in der Fremdsprache zu unterhalten. Gehen Sie auf eine Party, machen Sie eine Stadttour oder gehen Sie mit neuen Freunden in eine Bar. Haben Sie Spaß, und nutzen Sie die Zeit. Ein letzter persönlicher Tipp zur Sprachreise: Nehmen Sie unbedingt eine Kamera mit! Sie müssen nicht ständig an das Lernen denken, eine Sprachreise ist auch unabhängig vom eigentlichen Zweck eine großartige Angelegenheit, die unglaublich viel Spaß macht und bei der man viele nette Leute trifft und spannende Dinge erlebt. Wenn Sie es richtig angehen, kann eine Sprachreise für Sie wie ein Urlaub werden. Darum möchte ich Ihnen empfehlen, eine Kamera mitzunehmen, um die tollen Momente noch einmal zu erleben, wenn Sie wieder bei sich zuhause sind.

c) Tandem

Sie wissen bereits sicherlich schon, dass eine der effektivsten Wege eine neue Sprache zu lernen, ist einfach zu sprechen. Wenn Sie sich jedoch nur mit Menschen unterhalten, deren Muttersprache nicht die Fremdsprache ist, die Sie lernen möchten, gewöhnen Sie sich möglicherweise ungewollte Akzente an und lernen einfach nicht so effizient wie mit einem echten Muttersprachler. Dieses Problem löst das Tandemlernen. Stellen Sie es sich folgendermaßen vor: Es gibt tausende Menschen von überall auf der Welt, die Ihre Muttersprache lernen wollen. Und Sie möchten im Gegenzug deren Muttersprache lernen. Es wäre doch nun die perfekte Lösung, wenn sich zwei von diesen Menschen finden und sich gegenseitig die eigene Sprache beibringen. Das ergibt eine wahre Win-Win-Situation. Denn einerseits werden Sie einen exzellenten Unterricht von einem Experten erhalten, und andererseits können Sie diesen einen Gefallen zurückgeben und dabei noch Ihre eigenen Sprachfähigkeiten verbessern. Und das allerbeste daran ist, dass es für beide Seiten keinen Cent kostet. Dieses Vorgehen nennt man die Tandem-Methode. Wenn Sie beispielsweise Englisch lernen möchten und ein Amerikaner sein Deutsch verbessern will, tuen Sie sich zusammen und sprechen die Hälfte der Zeit Deutsch, die andere Hälfte Englisch.

Deinen Tandempartner musst du im Prinzip noch nie in Realität gesehen haben. Viele Menschen lernen über das Internet über eine große Distanz mit anderen, die vielleicht sogar in einem anderen Kontinent sind. Doch wie finden Sie überhaupt so eine Person? Hier gibt es viele Möglichkeiten, im Internet gibt es eine Menge an Angeboten, die wie Partnerbörsen für Sprachtandems aufgebaut sind. Nachdem Sie sich mit Ihren Angaben zu Sprachfähigkeiten und weiteren Informationen ein eigenes Konto erstellt haben, können Sie dann nach den genauen Filtern suchen, die Sie haben möchten. Eine andere Möglichkeit wäre, selbst einen Aufruf auf Facebook oder ähnlichen Seiten zu starten und diesen in verschiedenen internationalen Sprachlernforen zu posten. Hier können Sie auch direkt üben, indem Sie den Aufruf in der Sprache verfassen, die Sie lernen möchten. So erreichen Sie die Leute, die Sie erreichen wollen. Um Ihnen das Ganze zu erleichtern, könnte so ein solcher Post aussehen:

„Hello, my name is Sarah, and I am looking for a native English speaker to learn English with me. I'm about B1. In return, we can practice your German. Please send me a message!"

„Hallo, ich heiße Sarah und ich suche einen englischen Muttersprachler, der mit mir Englisch lernen möchte. Ich bin B1. Im Gegenzug können wir gemeinsam Deutsch üben. Schreib mir doch eine Nachricht!"

Wie Sie merken, sollten Sie außerdem Ihr Sprachniveau erwähnen. Sie sollten sich nämlich einen Tandempartner heraussuchen, der ungefähr die gleichen Sprachfähigkeiten hat wie Sie. Wenn Sie blutiger Anfänger sind, ist das auch kein Problem. Schreiben Sie es einfach in Ihren Post und suchen Sie sich einen Partner, der Ihre Sprache schon ein bisschen besser beherrscht, damit Ihr euch zumindest verständigen könnt. Ich möchte Sie in diesem Fall viel mehr gratulieren, denn umso früher Sie mit Tandemgesprächen anfangen, desto früher werden Sie auch in der Lage sein, die Fremdsprache zu verstehen und zu sprechen.

Ein weiterer wichtiger Faktor bei der Wahl des Tandempartners sind gemeinsame Interessen. Damit Sie beide gute und interessante Gespräche führen können, sollten Ihre Hobbies und Interessen wenigstens ein paar Überschneidungen haben. Hier kann auch das Alter eine Rolle spielen, da Sie mit Gleichaltrigen vermutlich einfach mehr Gemeinsamkeiten haben. Ich möchte Ihnen aber nichts vorschreiben, also solange Sie am Gespräch Spaß haben und Sie sich auf die nächste Unterhaltung freuen, kann jede Person für Sie ein passender Tandempartner sein. Sie haben einen Partner gefunden? Großartig, dann geht es jetzt weiter mit den tatsächlichen Gesprächen.

Sie sollten sich mindestens einmal in der Woche verabreden, um sich mindestens zwei Stunden lang zu unterhalten. Natürlich gilt auch hier der Grundsatz: Je öfter und länger, desto besser. Ich weiß, dass es schwer sein kann, für beide passende Termine zu finden (vor allem, wenn Sie in verschiedenen Zeitzonen sind), aber bemühen Sie sich und halten Sie die geplanten Gesprächszeiten unbedingt ein. Können Sie sich nicht persönlich treffen, weil Sie beispielsweise nicht in dem gleichen Land leben, nutzen Sie Videokonferenzen. Ein paar Beispiele für mögliche Programme sind die kostenlosen Angebote Skype, Discord oder der WhatsApp-Anruf. Wenn Sie nämlich in verschiedenen Ländern leben, können mit einem Tandempartner die Telefonrechnungen schnell in kosmische Höhe schießen. Daher empfiehlt sich eines der genannten Angebote, da diese über das Internet stattfinden. Einigen Sie sich vor dem Gespräch darauf, wie lange Sie sich mit einer Sprache beschäftigen möchten und setzten Sie sich dann eine Stoppuhr auf die ausgemachte Zeit. Wenn Sie das nicht tun, wird das zu unangenehmen Situationen führen, weil Sie eigentlich eine ausgewogene Zeitverteilung haben wollen und es sonst für eine Person oft unfair wird.

In der Zeit, in der Sie sich mit einer Sprache beschäftigen möchten, sollten Sie auch wirklich nur diese Sprache sprechen. Wechseln Sie nicht zwischendurch aus Gewohnheit oder Bequemlichkeit in die andere Sprache. Nur so kommen Sie beide mit Ihrem jeweiligen Wissen voran. Vielleicht erinnern Sie sich an das Stichwort Immersion, dass auch in dieser Situation Anwendung findet. Tauchen Sie, auch wenn es nur für eine Stunde ist, voll und ganz in Ihre Fremdsprache ein. Es wird vorkommen, dass Sie nach einer bestimmten Vokabel fragen wollen. Bitte unterdrücken Sie dies und versuchen Sie stattdessen, es so gut es geht zu umschreiben. Vielleicht werden Sie sich ein wenig komisch vorkommen, aber vertrauen Sie mir. Es wird sich lohnen. Seien Sie im Gegenzug aber auch geduldig mit Ihrem Tandempartner. Mit größter Wahrscheinlichkeit wird er am Anfang Probleme mit der Aussprache oder ähnlichem haben, aber das müssen Sie eben akzeptieren. Sie wollen sich ja beide verbessern!

Haben Sie nicht die Erwartung, dass Sie einen Sprachunterricht erhalten werden. Weder Sie noch Ihr Tandempartner sind dafür ausgebildet. Natürlich spricht nichts dagegen, dass Sie sich einfache Grammatikregeln beibringen. Den Großteil des Gespräches sollten Sie aber mit alltäglichen Unterhaltungen ausfüllen. Versuchen Sie sich dabei möglichst locker zu machen und das Ganze nicht als Tandemgespräch zu sehen. Stellen Sie sich viel lieber eine Unterhaltung unter zwei Freunden vor. Das macht die Situation für Ihr Gehirn viel entspannter und es herrscht kein so großer Druck, wenn Sie einen Fehler machen, was nebenbei gesagt unvermeidlich ist. Verbessern Sie Ihren Partner nicht bei jedem kleinen Fehler, den er macht. Wenn er eine Frage stellt, ist das natürlich in Ordnung. Aber wenn Sie ständig kleine Makel aufzeigen, verbraucht das nicht nur unglaublich viel Zeit, sondern ist auch demotivierend für Ihren Partner. Sie werden im Gespräch ganz automatisch gegenseitig voneinander lernen und nach einiger Zeit werden auch die Fehler verschwinden. Eine Möglichkeit, um trotzdem Feedback zu erhalten, ist am Ende des Gesprächs in der jeweiligen Sprache fünf Minuten für konstruktives Feedback und Verbesserungsvorschlägen einzuplanen. In diesen können Sie sich beispielsweise Tipps geben, an was der Partner in der Zeit bis zum nächsten Termin arbeiten kann.

Wenn Sie ein eher introvertierter Mensch sind und ungerne mit fremden Menschen sprechen, kann ich Sie voll und ganz verstehen. Ich hatte anfangs auch Schwierigkeiten. Ich vergleiche das Ganze gerne mit einem Sprung von einem 10-Meter Turm. Natürlich ist man am Anfang verunsichert und möchte den Sprung lieber nicht machen. Doch wenn man zuerst mit einem Sprung vom Beckenrand beginnt und sich langsam, aber sicher über das 1-Meter Brett zum 5-Meter-Brett hocharbeitet, wird man nach einiger Zeit ohne Probleme den 10 Meter hohen Sprung schaffen. Doch wie arbeiten Sie sich in dieser Situation bis zum „Sprung", also dem richtigen Gespräch, hoch? Um mir die Angst zu nehmen, habe ich damals mit meinem Tandempartner anfangs nur kurze Textnachrichten ausgetauscht. Dort hatte ich immer lange Zeit, mir Antworten zu überlegen und auszuformulieren. Sprechen Sie über Ihre Hobbies, womit Sie Ihre Brötchen verdienen, warum Sie die Sprache lernen möchten und so weiter. Wenn Sie dies zwei Wochen gemacht haben und Ihr Partner Ihnen sympathisch ist, können Sie anfangen, Sprachnachrichten zu senden. Hier nutzen Sie wenigstens schon Ihre Stimme und können sich auch an die des Tandempartners gewöhnen.

Nach einigen Wochen, wenn Sie sich schon etwas komfortabler fühlen, können Sie mit kurzen Telefonaten beginnen. Diese müssen nicht länger als ein paar Minuten sein, in denen Sie sich vorstellen können oder über Ihren Tag sprechen. Steigern Sie sich mit jeder Unterhaltung ein bisschen weiter und nach einigen Wochen einigen Sie sich darauf, dass Sie beim nächsten Mal das erste „richtige" Gespräch durchführen. Dies sollte, wie schon erwähnt, mindestens zwei Stunden lang sein, wobei je eine Stunde für eine Sprache aufgewendet wird. Steigen Sie einfach ins Gespräch ein, indem Sie Ihrem Partner zum Beispiel erzählen, was Sie in der Zeit zwischen den letzten Gesprächen unternommen haben. Unterhalten Sie sich einfach wie mit einem Freund mit Ihrem Tandempartner. Dann werden automatisch genug Gesprächsthemen aufkommen.

Also: Um Grammatik und Vokabeln zu lernen empfiehlt sich zusätzlich natürlich noch ein Lehrbuch. Meiner Meinung nach gibt es aber tatsächlich keine so effiziente Methode zum Sprachenlernen wie die Tandemmethode. Sie ist nicht zeitintensiv, kostet nichts und macht mit dem richtigen Partner viel Spaß. Also haben Sie wirklich keinen Grund, sich heute keinen Tandempartner zu suchen und mit echten Gesprächen anzufangen!

d) „Die konventionelle Methode" – Das Lernen mit Lehrbüchern

Nur weil Sie in der Schule höchstwahrscheinlich mit dieser Methode gelernt haben und eher negative Erfahrungen gemacht haben, bedeutet das nicht, dass klassische Lehrbücher keine validen Hilfsmittel sein können. Kombiniert mit anderen in diesem Buch vorgestellten Methoden können Lehrbüchern sogar sehr wirksam sein. Vor allem für den Anfang sollten Sie ein Lehrbuch zur Hand nehmen. Hier sollten Sie aber unbedingt ein wenig Recherche betreiben, welches Buch am besten zu Ihrem Lernziel passt. Rufen Sie sich dazu wieder ins Gedächtnis, welche Ziele Sie sich in dem Kapitel zur Motivation beim Lernen gesetzt haben. Suchen Sie dann ein passendes Buch aus. Auswahl gibt es viele – Schulbücher, auf Berufstätige ausgerichtete Bücher und noch viel mehr. Ein Lehrbuch erleichtert Ihnen den Einstieg in die neue Sprache ungemein, da Sie ohne es oft nicht wissen können, welches Thema Sie als nächstes in Angriff nehmen sollen. Ein Lehrbuch schreibt Ihnen stattdessen einfach vor, welches Thema im Kontext der anderen Themen sinnvoll ist.

Striktes Lernen mit Lehrbüchern führt aber oft dazu, dass Sie sich in dessen Kapiteln verfangen. Sie lernen die vorgeschriebenen Vokabeln, arbeiten durch die vorgestellte Grammatik und lösen alle Aufgaben. Jetzt fühlen Sie sich gut, weil Sie das Gefühl haben, viel erreicht zu haben, aber Sie haben fast nichts davon in der Praxis angewendet. Und wenn es darum geht, sich in einem fremden Land verständigen zu können, hilft Ihnen praktische Übung tausendmal mehr als 100 gelöste Aufgaben eines Lehrbuches. Kombinieren Sie also unbedingt den gelernten Stoff mit Gesprächen mit Ihrem Tandempartner und verlassen Sie sich nicht nur auf die vorgegebenen Übungen.

Auch sollten Sie vorsichtig sein, sich nicht in der vielen Grammatik eines Lehrbuches zu verlieren. Oft kann so viel Grammatik auf einem Mal drankommen, dass Sie durcheinanderkommen und Motivation verlieren. Gehen Sie darum das Lernen mit Büchern geduldig an und schreiten Sie wirklich erst voran, wenn Sie eine Grammatik voll und ganz verstanden und angewendet haben. So kann das Lernen mit Lehrbüchern vor allem für Einsteiger zu einem sehr sinnvollen Werkzeug werden.

e) Die Sprachschule

Weiterhin großer Beliebtheit erfreut sich die Sprachschule. In diesen Einrichtungen lernen sowohl Ausländer die Muttersprache als auch viele Leute, die eine Fremdsprache lernen möchten – ein Ort der kulturellen Zusammenkunft. Unterrichtet wird im Idealfall von einem Muttersprachler in Einzel- oder Gruppenstunden. Auch bieten die meisten Sprachschulen verschiedene Kurse für bestimmte Zielgruppen (wie Geschäftsleute oder Mitarbeiter einer bestimmten Firma) oder zu bestimmten Zeiten (wie Ferien- oder Intensivkurse) an. Viele Tipps zum Lernen kann ich Ihnen in diesem Kapitel leider nicht geben, denn sobald Sie eine passende Sprachschule gefunden haben, wird diese Ihre Ausbildung übernehmen. Bleiben Sie einfach selbstdiszipliniert und motiviert. Aber bis zu dem Zeitpunkt, an dem Sie die Sprachschule ausgewählt haben, werde ich Sie begleiten. Denn bei der Wahl von dieser müssen Sie einige Dinge beachten. Sprachschulen können einerseits moderne Einrichtungen sein, in der interessanter Unterricht geführt wird. Andererseits habe ich schon Erfahrungen von Freunden gehört, die bei einer Sprachschule im letzten Loch gelandet sind und von unmotivierten Lehrern unterrichtet wurden. Informieren Sie sich also vorher über die Qualifikationen der unterrichtenden Lehrer und holen Sie sich Meinungen von Schülern ein – meist finden sich auch im Internet Bewertungsportale. Holen Sie sich auch Infos über die Standard-Gruppengröße, da diese Ihre Lernerfahrung stark beeinflussen wird. Vielleicht können Sie auch darum bitten, eine Probestunde machen zu dürfen. So können Sie schon im Voraus sehen, wie der Unterricht ablaufen wird.

Wenn Sie gerne immer einen Ansprechpartner haben, dann ist eine Sprachschule sicher etwas für Sie. Dort lernen Sie mit einer Gruppe zusammen, was das Lernen angenehmer machen kann. Aber bevor Sie jetzt begeistert zur nächsten Sprachschule rennen, halten Sie eine Sekunde inne und erinnern Sie sich zurück an Ihre Schulzeit. Füllt diese Erinnerung mit Nostalgie oder gar Freude? Ich vermute eher nicht. Sich immer weiter in die Länge ziehende Stunden, zu schnell oder zu langsam fortschreitender Unterricht und veraltete Lehrmethoden. Ich bin mir bewusst, dass diese Einschätzung überspitzt ist und alle Sprachschulen verschieden ist, aber ein Problem der Sprachschule steckt in ihrem Namen: Es ist eine Schule. Und in diesen wird nach den veralteten Methoden unterrichtet, die Sie schon in Ihrer Jugend ertragen mussten. Sinnloses Pauken von Vokabeln und Grammatik führt genau wie Frontunterricht zu nichts, das hat die Neurowissenschaft mittlerweile zu Genüge bewiesen. Doch nicht nur ist diese Form des Lernens extrem ineffizient, sie ist auch noch nicht motivierend und macht einfach keinen Spaß. Doch woran liegt das? Erstens wenden Sie im Sprachunterricht das Gelernt nur sehr selten praktisch an, während das eigentlich das Hauptaugenmerk beim Lernen einer neuen Sprache sein sollte! Zudem bekommen Sie beim Sprachunterricht nicht die Chance, sich selbst weiterzuentwickeln und aus Fehlern selbst zu lernen, Sie werden einfach vom Lehrer auf den Fehler hingewiesen. Auch wenn Sie jetzt denken, das wäre kein Problem für Sie, das Unterbewusstsein eines jeden Menschen hasst es, auf Fehler hingewiesen zu werden. Dieser Effekt verstärkt sich nur, wenn der Tadel vor der Gruppe geschieht. Eine dritte Ursache für wenig spaßigen Sprachunterricht ist, dass die behandelten Inhalte, die Sie motivieren sollen, Ihnen kurzum egal sind. Wie viele Beispielsätze mussten Sie in der Schule bilden? Wenn Sie in der Fremdsprache erklären, dass Familie Müller ihren neuen Hund füttert, hat Ihr Gehirn keine Beziehung zu diesem Beispiel und speichert die Information und im Umkehrschluss auch die Inhalte der Fremdsprache als sinnlos ab. Es sei denn natürlich, Sie heißen Müller mit Nachnamen und haben einen Hund.

Also warum bleibt die Sprachschule ein so beliebter Weg zum Lernen einer neuen Sprache? Ganz ehrlich, ich weiß es nicht. Viele Menschen schätzen einfach die vermeintliche „Rundumpflege", die sie dort erhalten. Oder Sie melden sich dort wegen demselben Grund an, wegen dem sich manche im Fitnessstudio anmelden – um das Gefühl zu haben, schon genug getan zu haben. Sie merken, ich bin kein Fan von Sprachschulen. Ich habe schlechte Erfahrungen gemacht und von vielen gehört. Das soll aber nicht heißen, dass Sie keine guten Erfahrungen haben können. Vielleicht knüpfen Sie dort neue Beziehungen und lernen Ihre Fremdsprache mit großem Spaß. Es kommt auf Ihren Lerntyp an -und natürlich auf die Sprachschule.

f) Onlineangebote

Sie haben sicher schon einmal Ihren Browser geöffnet und in die Suchleiste „Sprache lernen" eingegeben, ergänzt durch die Fremdsprache, die Sie schon immer lernen möchten. Doch egal ob Englisch, Spanisch oder Französisch: Die ersten Suchergebnisse werden keine hilfreichen Tipps sein, sondern Werbungen für Sprachlernprogramme. Fast jeder Blog möchte Ihnen heutzutage ein solches Onlineangebot andrehen und berichtet darum selten objektiv über andere Methoden. Darum möchte ich Ihnen hier ein paar Tipps zu Onlineangeboten geben und zeigen, welche Tücken diese haben können.

Auswahl gibt es genug. Sie können wählen zwischen den Marktführern Babbel, Duolingo und Rosetta Stone, um nur einen Bruchteil der Möglichkeiten zu nennen. Auch wenn die verschiedenen Angebote sehr unterschiedliche Lernmethoden anwenden, bleiben die Vorteile bei den meisten gleich. Mit Onlineprogrammen können Sie selbst wählen, wann und wie schnell Sie lernen möchten. Sind Sie ein Frühaufsteher und morgens geistig am fittesten? Oder haben Sie durch den Tag gestreut immer nur 10 Minuten am Stück Zeit? Das alles ist für diese Lernmethode kein Hindernis. Außerdem können Sie die Lektionen immer wieder wiederholen, wenn Sie das Gefühl haben, etwas noch nicht verstanden zu haben. Andererseits fordert das Lernen mit Onlineangeboten ein sehr hohes Maß an Selbstdisziplin. Niemand wird Sie darauf hinweisen, dass Sie heute noch nichts gelernt haben. Für manche Menschen ist dieser Ansatz einfach nichts.

Daher schlage ich Ihnen vor, dass Sie die Probeabos, die die meisten Anbieter haben, in Anspruch nehmen und schauen, ob diese Methode Ihrem Lerntyp entspricht.

g) LAMP-Methode

Diese Methode, die schon im Jahr 1976 entwickelt wurde, steht für „Language Acquisition Made Practical" (also übersetzt „Spracherwerb praktisch umgesetzt") und ist trotz ihres Alters auch heutzutage noch bei einigen Leuten beliebt und wird von diesen erfolgreich angewendet. Besonders Menschen, die eine Sprache lernen möchten, zu welcher fast keine Materialien und Lehrbücher existieren (wie Forscher, Entwicklungshelfer, Missionare usw.) schätzen die LAMP-Methode. Auch Sprachen, zu denen es gar keine Schrift gibt, können erlernt werden.

Ziel der Methode ist es, möglichst wenige Wörter möglichst häufig anzuwenden. Gelernt wird dabei klassischerweise selbstbestimmt (also eigenverantwortlich beziehungsweise eigenständig), ein Muttersprachler sollte aber stets zur Unterstützung zur Verfügung stehen. Das macht die Methode auch zu einer guten Möglichkeit, wenn man als blutiger Anfänger sich in einem Land aufhält, in dem die eigene Sprache nicht gesprochen und verstanden wird. Doch wie können Sie mit der „Language Acquisition Made Practical"-Methode nun lernen? Ich möchte es Ihnen nun erklären. Zuallererst suchen Sie sich kurze Text (das können alltägliche Dialoge oder auch Monologe sein) und lesen Sie den Text durch. Wenn möglich sollten

Sie sich den Text auch mindestens einmal anhören, um noch mehr Sinne zu aktivieren. Wiederholen Sie dann das gelesene (beziehungsweise das Gehörte) und sagen Sie es immer wieder vor sich hin. So bekommen Sie selbst eine Idee davon, wie die Phrase richtig ausgesprochen werden sollte. Wenn Sie diesen Prozess immer und immer wieder wiederholen, werden Sie die kurze Textpassage schnell auswendig können. Um Ihrem Gehirn beim Lernen der Phrasen zu helfen, können Sie diese auch noch einmal in kürzere Fetzen unterteilen, die Sie erst einzeln wiederholen und zu gegebenen Zeitpunkt wieder zusammenfügen. Auch sollten Sie es am Ende schaffen, während dem Sprechen nicht von Notizen ablesen zu müssen oder kurz vorher die Aufzeichnung anhören zu müssen. Machen Sie es sich dann zum nächsten Ziel, die Textpassage so oft wie nur möglich in realen Gesprächen mit Muttersprachlern zu benutzen. So lernen Sie nach und nach einige Brocken der Fremdsprache und erkennen ganz automatisch nach einiger Zeit gewisse Strukturen und Muster, wodurch Sie am Schluss auch komplett eigene Sätze bilden können. Andere Elemente der LAMP-Methode sind zum einen das sogenannte Bonding, bei der Sie sich ganz gezielt einige „Bonding Partner" aussuchen, mit denen Sie die Sprache lernen möchten und von denen Sie sich beeinflussen lassen wollen, zum anderen gehört auch die Reflektion am Morgen dazu. Hier erinnern Sie sich an den vergangenen Tag und reflektieren, was Sie schon gut in Gespräche einbauen konnten aber auch welche Fehler Sie am letzten Tag bei der Anwendung der Fremdsprache gemacht haben. Diese Fehler können zum Beispiel Aussprachefehler sein, oder Ihnen ist etwas Bestimmtes einfach nicht eingefallen. Außerdem sollten Sie sich im Rahmen der Reflektion Gedanken darüber machen, welche kurzen Texte Sie als nächstes lernen möchten. Dies können bevorzugt Dinge sein, die Ihnen aktuell noch fehlen, wenn Sie sich unterhalten. Wenn Sie jetzt kurze Texte suchen, mit denen Sie anfangen möchten, möchte ich Ihnen ein paar Themengebiete vorschlagen. Um möglichst schnell mit Einheimischen ins Gespräch zu kommen, solltest du begrüßen und verabschieden können und nach der Zeit fragen können. Außerdem könntest du lernen, von deinen Hobbies und Freizeitbeschäftigungen zu erzählen.

Damit diese Methode Wirkung zeigt, müssen die kurzen Texte tatsächlich jeden Tag in der Praxis angewendet werden. Das macht es für solche Menschen unpraktisch, die nicht gerade ständig einen Muttersprachler zur Verfügung haben. Falls Sie sich nicht für eine Sprachreise entschieden haben, dann gehen ich davon aus, dass auch Sie zu diesen Menschen gehören. Vielleicht kennen Sie über das Internet oder sonstige Wege zwar jemanden, der die Sprache spricht, aber wenn er nicht täglich für Sie verfügbar und zu Gesprächen bereit ist, beeinträchtigt das die Effizienz dieser Methode massiv. Daher würde ich nur zum Anwenden der LAMP-Methode empfehlen, wenn Sie tatsächlich noch keine Erfahrungen in der Fremdsprache gemacht haben und in einer Umgebung sind, in der Sie sich alltäglich mit Muttersprachlern unterhalten können. Die goldene Regel der LAMP-Methode lautet: „Lerne wenig, aber gebrauche das Wenige viel!"

h) Der Sprachkalender

Der Sprachkalender ist nicht als allein nutzbare Lernmethode zu sehen, sondern viel mehr als kleiner Zusatz zu anderen Methoden. Ein Sprachkalender ist ein Abreißkalender, bei dem an jedem Tag neben dem Datum eine kleine Übung zur Fremdsprache abgedruckt ist. Sie können sich einen solchen Kalender in Ihrem lokalen Buchladen oder im Internet bei den üblichen Großhändlern kaufen. Dort ist es auch fast garantiert, dass es für Ihre Fremdsprache einen solchen Kalender gibt. Der Kostenpunkt liegt hier meistens bei circa 10 Euro, ein durchaus vertretbarer Preis. Dafür erhalten Sie einen Kalender, der Sie nach dem Abreißen jeden Morgen zu einer kleinen Übung motiviert. Diese Übung kann Grammatik, Wortschatz oder Wortschatz betreffen und wird klassischerweise nicht mehr als 10 Minuten beanspruchen. Sie kann fremdsprachliche Anekdoten oder Informationen über die Kultur des Landes beinhalten. Da es für jeden Tag ein neues Abreißblatt gibt, ist die gewonnene Motivation kontinuierlich, wird also erst nach dem Jahr wieder aufhören. Wenn Sie also nach einer einfachen, zusätzlichen Lernmethode suchen, fragen Sie in Ihrem Schreibwarenladen doch einfach mal nach einem Sprachkalender!

i) <u>Interkomprehension</u>

Die Methode der Interkomprehension ist besonders geeignet, wenn Sie eine Sprache erlernen möchten, die ähnlich zu einer anderen Sprache ist, die Sie schon kennen. Diese schon bekannte Sprache kann sowohl Ihre eigene Muttersprache als auch eine Fremdsprache sein, die Sie schon erlernt haben. Sprechen Sie beispielsweise schon eine Sprache des romanischen Stamms (das können zum Beispiel Spanisch oder Italienisch sein), werden Sie mit Interkomprehension eine Sprache des gleichen Stammes (in diesem Fall beispielsweise dann Portugiesisch) mit Leichtigkeit lernen. Wie schon erwähnt können Sie aber auch mit Ihrer Muttersprache Deutsch weit kommen: Deutsch ist nämlich eine Germanische Sprache und zu dieser Sprachfamilie gehört neben der Weltsprache Englisch, mit der Sie über eine Milliarde Menschen erreichen können, auch die Sprachen Niederländisch, Schwedisch und Dänisch.

Nur durch Ihre Fähigkeit in der Sprache des einen Stamms können Sie also diese vielen Sprachen deutlich einfacher lernen. Zu einem akademischen Niveau werden Sie es mit dieser Methode aber wohl nicht bringen, hier können Sie nach einigen Monaten des Lernens mit der Interkomprehensionsmethode auf eine andere hier vorgestellte Methode wechseln.

Doch wie können Sie mit der Methode den Anfangsbaustein für eine neue Sprache setzen? Das möchte ich Ihnen nun erklären. Sehen Sie sich als Beispiel zum Beispiel einmal dieses berühmte niederländische Sprichwort an:

Het is niet alles goud wat er blinkt.

Sehen Sie sich mal einige Sekunden dieses Sprichwort an. Ich behaupte einfach einmal, dass Sie erkennen können, was der Satz bedeuten sollen. Oder nicht? Falls Sie noch eher unsicher sein sollten, hier ein kleiner Tipp: Dasselbe Sprichwort gibt es auch im Deutschen. Konnten Sie es sich jetzt erschließen? Wenn ja, dann könnte Interkomprehension etwas für dich sein. Doch geben Sie nicht auf, wenn Sie es jetzt nicht wissen. Schauen Sie sich lieber die folgende Lösung an und versuchen Sie herauszufinden, wie Sie es sich hätten erschließen können.

Es ist nicht alles Gold, was glänzt.

Na, macht es jetzt Sinn für Sie? Hier noch ein zweiter Test für Sie:

Achter de wolken schijnt de zon.

Auch das ist ein niederländisches Sprichwort. Auf Deutsch bedeutet es folgendes:

Hinter den Wolken scheint die Sonne.

Die meisten erwachsenen Deutschen können Sätze wie diese ohne Probleme verstehen. Und wenn Sie das auch können, wissen Sie bereits einiges über die niederländische Sprache. Sie kennen beispielsweise schon einige Vokabeln, die Sie im alltäglichen Smalltalk benutzen können. Für Unterhaltungen über das derzeitige Wetter kennen Sie nämlich schon „wolken" (dt. Wolken) und „zon" (dt. Sonne). Aber nicht nur das: Sie haben außerdem schon Regeln zur Satzstellung und Grammatik gelernt und wissen jetzt zum Beispiel, dass das niederländische Wort „de" im Deutschen „die" bedeutet. Beeindruckend, denken Sie nicht? Durch nur zwei sehr kurze Sätze konnten Sie schon einiges über die Sprache erfahren, obwohl Sie diese vielleicht noch nie gehört oder gar gelernt haben. Das ist das Prinzip der Interkomprehension.

Wenn Sie jetzt Zweifel haben, ob das überhaupt funktionieren kann, möchte ich Ihnen eine Statistik vorstellen. Auch wenn es zu den Transferraten von Deutsch in andere Sprachen kaum Informationen gibt, ist hier eine Statistik aus Frankreich. Kennen Sie 100% des französischen Grundwortschatzes, können Sie bereits 85% des italienischen und 82% des spanischen Grundwortschatzes interpretieren. Wenn dies für die romanische Sprachfamilie gilt, können Sie sich sicher sein, dass es auch bei der germanischen Familie so ist.

Als Fazit: Wenn Sie daran interessiert sind, eine neue Sprache zu lernen, die einer Sprachfamilie entspricht, aus der Sie bereits eine andere Sprache können, versuchen Sie es mit Interkomprehension. So erhalten Sie so früh wie mit keiner anderen Methode ein gewisses Gefühl dafür, wie die Sprache funktioniert. Probieren Sie doch das von deutschen und anderen europäischen Universitäten entwickelte Programm „EuroCom" aus.

j) Grammatik-Übersetzungsmethode

Die Grammatik-Übersetzungsmethode ist perfekt für Sie, wenn Ihr Hauptziel ist, die neue Sprache schriftlich anzuwenden, also komplizierte Texte lesen und schreiben zu können. Da Sie den mündlichen Aspekt fast gar nicht beachtet, wird sie heute nicht mehr oft angewendet. Im letzten Jahrtausend war das Sprechen einer anderen Sprache nicht nötig. Darum lernte man im mittelalterlichen Kloster oder in Schulen für Adeligen auch nur, Sprachen wie Latein oder Französisch zu lesen. Dies war für Mönche wichtig, um Bibelstellen übersetzen zu können. Bei Adeligen war vor allem Französisch beliebt, da Gedichte in dieser Sprache sehr angesehen waren. Konnte man diese verstehen, galt das als ein Zeichen von hoher Intelligenz. Schon im Jahr 1500 wurde deshalb mit dieser Methode unterrichtet.

Die Methode geht davon aus, dass das Gehirn aus drei separaten Teilen besteht: Dem Willen, der Emotion und dem Wissen. Würde man nun das Wissen durch das Lernen einer Sprache so sehr in die Höhe treiben, könne man mit diesem auch die anderen zwei Teile, also Willen und Emotion kontrollieren. Diese Theorie wird tatsächlich heutzutage noch benutzt, um Latein und Altgriechisch als valide Schulfächer zu rechtfertigen. Ziel der Methode war und ist es also nicht immer, die Sprache wirklich zu lernen, sondern mehr, das Gehirn auf große Herausforderungen vorzubereiten. Als die lateinische Sprache dann mehr und mehr ausstarb und modernere Sprachen unterrichtet wurden, gingen die Lehrer des 19. Jahrhundert einfach nach derselben Methode vor, mit der sie schon immer Latein unterrichtet hatten: Mit der Grammatik-Übersetzungsmethode. Doch während moderne Sprache heutzutage meist auch mit moderneren Methoden unterrichtet werden, hält sich die Grammatik-Übersetzungsmethode immer noch im Unterricht von Latein und Altgriechisch fest.

Dabei geht man so vor: Wortschatz werden in Wortpaaren (the tree – der Baum) als Übersetzung gelernt, schwere Wörter werden in den Kontext von kleinen, eigenständigen Sätzen gesetzt (Es gibt viele Bäume im Wald.). Die Vokabeln, die gelernt werden, passen immer zu dem jeweiligen Text, der zu diesem Zeitpunkt behandelt wird. Grammatik wird so gelernt, dass die Regeln einfach ständig wiederholt werden, bis man sie auswendig kann. Dann werden die Kenntnisse der Regeln abgeprüft, indem Sätze direkt von einer Sprache in die andere übersetzt werden müssen. Die erwähnten Texte sind meistens von historischer oder kultureller Bedeutung, können also antike Sagen, Fabeln, Gedichte oder Briefe sein. Nachdem der Text übersetzt wurde, stellt der Lehrer oder eine andere Person Fragen über diesen Text, welche mit Zitaten und Stellenangaben in der Muttersprache beantwortet werden. Bei Gedichten und Reden (wie Ovids Metamorphosen im Lateinischen) können außerdem noch Metrik und Syntax analysiert werden.

Natürlich ist die Methode heutzutage nicht praktisch. Schüler, die nur mit der Grammatik-Übersetzungsmethode gelernt haben, haben große Schwierigkeiten damit, sich auszudrücken und ihre Gedanken in der Fremdsprache zu formulieren, da diesem Aspekt im Unterricht keine Bedeutung geschenkt wird. So gut wie alle Sprachwissenschaftler sind sich einig, dass diese Methode nicht nachhaltig sein kann. Dennoch haben Forschungen bewiesen, dass die Grammatik-Übersetzungsmethode immer noch die am weitesten verbreitete Methode der Welt ist, wenn es um das Erlernen einer Fremdsprache geht. Die Forscher sind sich nicht ganz sicher, warum das so ist, haben aber Vermutungen. Die wahrscheinlichste Ursache ist, dass die meisten vorhandenen Lehrbücher stark veraltet sind und deshalb noch diese Methode anwenden. Ein Schüler, der dann nur dieses Lehrbuch zur Verfügung hat, muss also wohl oder übel mit der Grammatik-Übersetzungsmethode lernen, auch wenn er dadurch so gut wie keine Fortschritte beim Sprechen der Fremdsprache machen wird.

Man kann die Grammatik-Übersetzungsmethode also als Vorgänger, fast schon als Pionier der Sprachlernmethoden ansehen. Dafür sollte man sie auch gebührend würdigen, doch beim Erlernen einer Sprache vielleicht doch auf eine modernere Methode zurückgreifen.

k) Direkte Methode

Die Direkte Methode wurde im späten 19. Jahrhundert als Konkurrent gegen die damals dominante Grammatik-Übersetzungsmethode eingeführt. Das grundsätzliche Prinzip hinter der Methode ist, dass im Unterricht und beim Lernen komplett auf die Muttersprache verzichtet wird und man sich nur in der Fremdsprache mit dieser befasst. Die wichtigste Regel ist also: Es gibt keine Übersetzungen. Wenn ein Wort nicht bekannt ist, wird es nicht einfach übersetzt, sondern umschrieben oder in der Fremdsprache erklärt. Auch Grammatik und andere Regeln lernt man nur im Gespräch und bekommt sie nicht direkt vermittelt. Das Ziel der Methode ist also, dass man die Fremdsprache so lernt, wie man als Kind seine Muttersprache gelernt hat (siehe hierzu IV) b) Ansätze der Sprachforschung). So erreicht man auch viel schneller eine Stufe, bei der man in der Fremdsprache zu denken beginnt, was eine riesige Leistung ist. Um dies im Unterricht und beim Lernen umzusetzen, gibt es eine Vielzahl an Techniken, von denen Sie vielleicht einige noch aus Ihrer Schulzeit kennen. Einen Text laut vorlesen, einen eigenen kleinen Text schreiben, etwas diktiert bekommen und sich miteinander unterhalten sind alles Techniken, die typisch für die direkte Methode sind.

Die Vorteile liegen auf der Hand: Durch die direkte Methode versteht und spricht man die Fremdsprache besser und schneller. Außerdem kann man durch persönliche Gespräche eigene Erfahrungen und Meinungen ausdrücken, was einen hilfreichen Bezug herstellen kann. Mich hat es damals in meiner Schulzeit immer genervt, wenn ich mich über den Hund der Familie Miller unterhalten muss, der mich gar nicht interessiert. Wäre es nicht deutlich sinnvoller, wenn man stattdessen über die eigenen Erlebnisse am Wochenende oder die persönliche Meinung zu einem Thema spricht? Natürlich gibt es aber auch Nachteile der Methode. Wenn Sie sich das Ziel gesetzt haben, komplizierte Texte lesen zu können, ist die Callan-Methode eher nichts für Sie. Auch kann sie nur bis zu einem bestimmten Lernlevel angewendet werden. Ab einem höheren Niveau muss man einfach auf andere Techniken zurückgreifen.

Die Bekannteste im Bereich der direkten Methoden ist die „Callan-Methode". Sie wurde ursprünglich nur für die englische Sprache entwickelt, wird aber heutzutage auch in anderen Sprachen angewendet. Der Entwickler der „Callan-Methode" Robin Callan stellte die Behauptung auf, dass man mit der Methode eine Sprache viermal schneller lernen könne als mit anderen Methoden. Das überzeugte viele Menschen, und auch heute gibt es auf der ganzen Welt noch Sprachschulen, die ausschließlich mit dieser Methode unterrichten. Grob gesagt folgt sie 12 Stufen, welche alle aufeinander aufbauen. In den ersten Stufen sollen nur grundlegende und unbedingt nötige Grammatik und Wortschatz vermittelt werden. Das darf wirklich nur das allernötigste sein, um sich nicht unnötig mit Themen zu verwirren, die noch viel zu kompliziert sind und die man sowieso nicht anwenden würde. In den folgenden Stufen wird dann darauf aufgebaut, mit besonderem Fokus auf Konversationen.

I) <u>Ollendorffmethode</u>

Auch wenn die Ollendorffmethode aus heutiger Sicht von den meiste Sprachwissenschaftlern als veraltete Lernmethode bezeichnet wird, möchte ich sie Ihnen dennoch hier beschreiben. Ich bin nämlich der Meinung, dass man auch aus dieser Methode praktische Tipps ziehen kann, wie man Sprachen lernen sollte. Und da sie oft kritisiert wurde und heute nicht mehr benutzt wird, muss ja etwas an ihr auch nicht stimmen. Auch daraus kann man Tipps ziehen, was man bei dem eigenen Weg zu einer neuen Sprache vielleicht eher nicht tun sollte. Ganz ausgestorben ist sie heute nicht. Einige Lehrer, die Latein oder Altgriechisch unterrichten, wenden die Methode heute noch an.

Bevor wir zur Beschreibung der Methode kommen, will ich mit Ihnen kurz in die Vergangenheit reisen. Denn die Situation um den werten Herr Heinrich Gottfried Ollendorff, der diese Methode um 1830 in Paris entwickelt und veröffentlich hat, war ziemlich skandalös.

Einmal waren einige der klügsten Köpfe Frankreichs gar nicht glücklich darüber, dass die Methode von Ollendorff offiziell in Schulen als Lernmethode für Sprachen zugelassen wurde. Doch diese Stimmen wurden bald schon übertönt, denn es gab deutliche Beweise für die Effizienz der Methode. Der Autor August Strindberg beschrieb beispielsweise schon in einem seiner Werke, wie die Schülerinnen der Mädchenschule, an der die Methode gebraucht wurde, viel schneller und besser lernten als die Jungen der benachbarten Schule. Tatsächlich wurde die Methode auch später noch vor allem für junge Frauen angewendet. Im 19. Jahrhundert lehrte man Mädchen fast nur mit dieser Methode, da man durch sie vor allem alltägliche Konversation lernt. Das wurde als genug für die jungen Frauen angesehen, doch nicht genug für die männlichen Lerner, die für geschäftliche und tiefere Unterhaltungen vorbereitet wurden.

Außerdem wurde Ollendorff oft des Plagiarismus angeklagt. Heutzutage ist es bewiesen, dass Ollendorff sich beim Erstellen seiner Methode sehr stark an dem

Werk eines anderen Sprachlehrers, Jean Manesca orientiert hat. Nachdem er sein eigenes Buch jedoch veröffentlicht hatte und es immer beliebter wurde, hatte das auch negative Auswirkungen. Sein Werk wurde oft kopiert und als Raubdruck weiterverbreitet, was einen großen Verlust für Ollendorff bedeutete.

Nun aber zur eigentlichen Methode: Das erste Buch wurde für das Erlernen der französischen Sprache erstellt, daher werde ich mich in dieser Erklärung darauf konzentrieren. Tatsächlich ist das Prinzip dahinter ähnlich wie das der vorher vorgestellten Grammatik-Übersetzungsmethode. Es besteht aus zwei verschiedenen Teilen: Im ersten Teil wird die Grammatik der Lektion vorgestellt und erklärt, außerdem werden die neuen Vokabeln eingeführt. Dafür werden Beispielsätze genutzt, die sowohl in der Muttersprache Deutsch als auch in der Fremdsprache Englisch aufgeschrieben sind. Im zweiten Teil einer jeden Lektion verschwindet dann der Beispielsatz in der Fremdsprache und der Lernende muss ihn mit Hilfe des Satzes in der Muttersprache selbst ergänzen. Dabei bauen die Sätze der verschiedenen Lektion immer weiter aufeinander auf, bis sehr komplexe Satzstrukturen entstehen.

Klingt doch eigentlich nicht schlecht, denken Sie nicht? Nun, Sprachwissenschaftler haben mehrere Kritikpunkte, weshalb die Ollendorffmethode nicht wirklich effizient ist. Zum einen lernt der Schüler nicht wirklich selbst, sondern bekommt die Inhalte nur vorgeschrieben und muss nachmachen. Dieses „Einbläuen" von Stoff gefällt dem Gehirn jedoch gar nicht, weswegen es jenen Stoff schwieriger aufnimmt. Außerdem ist die Reihenfolge der vorgestellten Grammatik in Ollendorffs Buch oft fraglich, wenn nicht sogar falsch. In allen modernen Lehrbüchern bauen die verschiedenen Grammatiklektionen aufeinander auf, bei Ollendorff sind sie meist ziemlich durcheinander.

Ganz nebenbei: Wenn Sie an dieser Methode und der Entstehungsgeschichte interessiert sind, können Sie auf diversen Internetseiten das komplette Buch von Ollendorff digital nachlesen. Machen Sie sich keine Sorge, strafbar können Sie sich dadurch nicht machen. Da der Autor des Buches schon über 70 Jahre tot ist, geht sein Werk automatisch in die Gemeinfreiheit über. Dadurch kann jede Person ohne irgendeine Genehmigung für alle Zwecke benutzen. Das gilt logischerweise auch die Veröffentlichung und das Abrufen im Internet. Heinrich Gottfried Ollendorff ist im Jahr 1865 gestorben, was die Grenze von 70 Jahren offensichtlich überschreitet.

Kapitel: VIII) Ein neues Alphabet

Dieses Kapitel trifft besonders auf Sie zu, wenn Sie sich für eine Sprache entschieden haben, die nicht das lateinische Alphabet benutzt. Dazu zählen vor allem asiatische Sprachen wie Chinesisch, Japanisch und Koreanisch, Russisch, Arabisch und noch viele mehr. Es werden aber auch Tipps für das Lernen aller Sprachen enthalten sein. Zuerst sollten Sie verstehen, welche Arten von Schriften es gibt. Man unterscheidet zwischen drei verschiedenen Arten:

Die Alphabetschrift ist die, die wir von unserem lateinischen Alphabet bereits gewöhnt sind. Bei dieser steht ein bestimmter Buchstabe für einen bestimmten Laut. Wenn Sie also den Buchstaben „A" lesen, können Sie diesen auch direkt aussprechen. Viele zusammengefügte Buchstaben beziehungsweise Laute ergeben dann ein Wort. Neben dem lateinischen zählt hierzu noch das griechische und das kyrillische Alphabet.

Zu den logographischen Schriften zählen unter anderem die chinesischen Schriftzeichen und aus historischer Sicht die Hieroglyphen der Ägypter und die Schrift der Maya. Bei dieser Schrift steht ein Bildzeichen für ein bestimmtes Wort. So ist zum Beispiel das chinesische Logogramm (so nennt man diese Bildzeichen) „馬" fest mit dem Wort „Pferd" verbunden.

Die dritte Art von Schriften nennt sich Silbenschrift und wird mitunter zum Schreiben von Hindi verwendet. Dort wird, wie der Name schon erahnen lässt, immer eine Silbe mit einem Schriftzeichen symbolisiert.

Wenn Sie eine Sprache gewählt haben, die die Alphabetschrift nutzt, haben Sie als deutscher Muttersprachler Glück gehabt. Denn diese Schrift ist für Sie am einfachsten zu lernen. Kennen Sie die lateinische Schrift, wissen Sie schon fast alles über die kyrillische und griechische Schrift. Das glauben Sie nicht? Sehen Sie sich einmal diese Tabelle an:

	Buchstabe	Aussprache
Lateinische Schrift	A, a	[a]
Kyrillische Schrift	А, а	[a]
Griechische Schrift	Α, α	[a]

Der erste Buchstabe ist also schon einmal komplett identisch! Das liegt daran, dass all diese Schriften von der phönizischen Schrift abstammen. Diese wurde im 11. Jahrhundert von den Phöniziern entwickelt und bestand aus 22 Zeichen. Die ersten beiden dieser Zeichen waren „Aleph" und „Beth", aus denen das heutige Wort „Alphabet" besteht.

Wenn Sie also eine neue Schrift aus der Alphabetschrift lernen möchten, sollten Sie sich erst einmal an den Buchstaben orientieren, die Ihnen sowieso schon bekannt sind. Hier müssen Sie aber vor allem die Aussprache beachten. Denn obwohl ein Buchstabe vielleicht der eigenen Schrift identisch ist, könnte er dennoch anders ausgesprochen werden. Als nächstes nehmen Sie sich die Zeichen vor, die Sie noch nicht kennen, aber von denen Sie die Aussprache schon kennen. Das ist sinnvoll, da einige uns fremde Zeichen genauso ausgesprochen werden wie uns bekannte Zeichen. Zuletzt müssen Sie wohl oder übel alle noch übrigen Zeichen einfach auswendig lernen. Nutzen Sie hier Eselsbrücken und versuchen Sie, die Zeichen als kleine Bilder anzusehen. So werden Sie schon bald Ähnlichkeiten zwischen den fremden Zeichen und der eigenen, lateinischen Schrift erkennen. Der deutsche Buchstabe „P" ist im Russischen zum Beispiel „R". Das lässt sich einfach zu merken! Auch wenn Sie noch nicht alle Buchstaben kennen, sollten Sie schon mit dem Lesen anfangen. Vielleicht werden Sie nicht alles verstehen. Das Gehirn merkt sich aber Dinge immer besser, wenn sie im Kontext zu anderen Dingen stehen. Ein Zeichen, welches neben anderen in einem Wort steht, ist viel begreifbarer als eines, was nur in einer Liste steht. Wenn Sie beim Lesen des Textes dann auf einen Buchstaben stoßen, den Sie noch nicht kennen oder den Sie vergessen haben, schlagen Sie diesen unverzüglich nach. So werden Sie sehr schnell große Fortschritte machen. Wenn Sie dann alle Buchstaben sicher können, sollten Sie auch versuchen, in der fremden Sprache zu schreiben. Das muss nicht einmal handschriftlich sein, auf dem eigenen Smartphone oder Tablet lässt sich die Tastatur ganz einfach auf jede beliebige Sprache umstellen. Gehen Sie dafür einfach in die Einstellungen des Geräts, dort können Sie die Tastatur ändern. Natürlich können Sie auch versuchen, Sätze mit der Hand zu schreiben. Das kann besonders sinnvoll sein, wenn Sie sich zum Ziel gesetzt haben, Briefe oder andere Dinge zu schreiben.

Die zweite Art von Schriften, die ich vorhin vorgestellt habe, waren die logographischen Schriften. Hier muss ich aber noch anmerken, dass es keine Schrift mehr, die nur daraus besteht. Die chinesische Schrift besteht zwar zu einem kleinen Teil aus diesen Logogrammen. Trotzdem sollten Sie auch diese Logogramme lernen, wenn Sie Chinesisch perfekt lesen und schreiben wollen. Viele Tipps kann ich Ihnen hier leider nicht auf den Weg geben. Wenn Sie ein gutes fotographisches Gedächtnis haben, werden Sie sich leicht an die kleinen Bildchen erinnern können.

Die dritte Art, also die Silbenschriften, muss ich noch ein wenig weiter unterteilen, um Ihnen sinnvolle Tipps zum Lernen geben zu können. Die sogenannte Konsonantenschrift wird zum Beispiel bei der arabischen und hebräischen Schrift benutzt. Wenn Sie also eine von diesen Sprachen lernen möchten, sollten Sie sich folgende Tipps zu Herzen nehmen. Die Besonderheit der Konsonantenschrift ist, dass nur die Konsonanten geschrieben werden. Die Vokale werden dagegen komplett ausgelassen. Hier kann ich Ihnen empfehlen, sich ein Lehrbuch anzuschaffen, in welchem die Vokale trotzdem dargestellt werden. Das nennt sich dann „Punktierte Schrift", da alle Vokale mit Punkten dargestellt werden. So können Sie sich schon daran gewöhnen, dass bei der eigentlichen Schrift die Vokale nicht da sein werden. Diese kleine Variante der Konsonantenschrift kommt besonders oft in Lehrbüchern für Kinder vor. Holen Sie sich ein solches Buch und fangen Sie an, die Konsonantenschrift zu üben! Wenn Sie statt der arabischen oder hebräischen Schrift eine indische Schrift lernen möchten, müssen Sie sich mit den Abudiga-Schriften beschäftigen. Auch beim Schreiben und Lesen der äthiopischen Sprache wird eine Abudiga-Schrift benutzt. Hier werden genau wie bei der Konsonantenschrift keine Vokale geschrieben. Die Besonderheit dabei ist, dass die Vokale gewissermaßen in den Konsonanten enthalten sind. Das ist meistens ein „A", kann aber auch andere Vokale betreffen. Um diese Schrift zu lernen, sollten Sie am besten mit Arbeitsblättern üben, üben und üben. Auf diesen Arbeitsblättern schreiben Sie immer einen Konsonanten und kombinieren diesen dann der Reihe nach mit allen Konsonanten, bis Sie alle Variationen durchgegangen sind. Wiederholen Sie das einfach so lange, bis Sie sich sicher sind, dass Sie alle Konsonanten im Schlaf aufschreiben könnten.

Das waren alle Tipps zum Lernen einer neuen Schrift. Wenn Sie Anfänger sind und noch nie eine Fremdsprache gelernt haben, würde ich Ihnen dringend empfehlen, eine Sprache zu wählen, die die Alphabetschrift benutzt. So ein System neu zu lernen ist nämlich nur zusätzlicher Ballast auf dem sonst schon schweren Weg zur Beherrschung einer Sprache, da es sehr viel Übung und ständige Wiederholung verlangt. Neben den Vokabeln und der Grammatik müssen Sie dann noch mehr Zeit opfern. Wenn Sie dagegen schon ein wenig Erfahrung haben, dann kann das Erlernen eines neuen Schriftsystems ein großartiger Weg sein, um sich mental fit zu halten und etwas ganz Neues und Aufregendes zu erlernen.

Kapitel: IX) Häufig gestellte Fragen

Wenn ich anderen Menschen verschiedene Methoden zum Lernen von Sprachen erkläre, fallen immer die gleichen Fragen. In diesem Kapitel möchte ich Ihnen diese Fragen direkt beantworten.

Ich möchte mehrere Sprachen zur gleichen Zeit lernen. Ist das möglich?

Es kann viele Gründe haben, mehrere Sprachen auf einmal lernen zu möchten. Vielleicht brauchen Sie diese für Ihren Beruf oder sind einfach sehr interessiert und motiviert. Prinzipiell ist es durchaus möglich, mehrere Sprachen gleichzeitig zu erlernen. Ihr Gehirn hat die Kapazität dafür. Es gibt aber einige Einschränkungen: Erst einmal müssen Sie sehr viel Zeit aufwenden, wenn Sie zwei oder gar mehr Sprachen gleichzeitig lernen möchten. Wenn Sie nur eine Stunde am Tag Zeit haben, sollten Sie diese Stunde wirklich komplett für Ihre wichtigere Sprache aufwenden und nicht halbieren. Wenn Sie vorhaben, statt einer Stunde täglich nun zwei Stunden zu investieren, möchte ich Ihnen eine Alternative vorschlagen: Vielleicht sollten Sie diese Zeit lieber dafür benutzen, nur eine Sprache zu lernen. So sind Sie doppelt so schnell fertig mit der ersten Fremdsprache und können sich direkt danach auf die nächste stürzen. Das ist jedenfalls immer mein Vorschlag, wenn mir jemand von seinem Vorhaben erzählt, zwei Sprachen gleichzeitig zu lernen.

Andererseits möchte ich auch anmerken, dass vor allem erfahrene Sprachlerner durchaus mehrere Sprachen gleichzeitig lernen können. Wenn das Gehirn schon Übung in einer Sache hat, ist es viel einfacher, diese Sache zu wiederholen. Daher können polyglotte Menschen, die viele Sprachen sprechen, auch sehr einfach noch mehr Sprachen dazulernen.

Wenn Sie immer noch davon überzeugt sind, zwei oder mehr Sprachen gleichzeitig lernen zu können, müssen Sie außerdem sehr viel Durchhaltevermögen haben. Sie haben sich nämlich keine einfache Aufgabe gesetzt. Vielleicht sind Sie gerade sehr motiviert, weil Sie von der Welt der Sprachen begeistert sind und unbedingt alle Sprachen sprechen möchten. Die Frage ist, ob diese Motivation auch langfristig anhalten wird. Außerdem sollten Sie sich genau bewusst sein, mit welcher Lernmethode Sie am besten lernen. Um das herauszufinden, schlage ich Ihnen als Anfänger vor, erst einmal Ihre erste Fremdsprache zu lernen. Wenn Sie dann Ihre optimale Lernmethode gefunden und auf sich abgestimmt haben, können Sie mit dem Lernen weiterer Sprachen beginnen.

Wie viel wird mich das Erlernen einer neuen Sprache kosten?

Das kommt ganz darauf an, mit welcher Methode Sie lernen möchten. Die meisten Lehrbücher sind mit einem Preis von um die 20 Euro noch ziemlich erschwinglich, aber auch von diesen werden Sie einige benötigen, um eine Sprache richtig zu beherrschen. Dann kommen noch Kosten für ein Wörterbuch (circa 20 Euro), Vokabelkärtchen (5 Euro für 500 Stück plus Karteikasten für 20€) oder eine Vokabel-App (verschiedene Preise). Lehr- und Wörterbücher können Sie selbstverständlich auch gebraucht erhalten, Sie sollten nur darauf achten, dass Rechtschreibung und Wortschatz wenigstens ein bisschen aktuell sind. Dann zahlen Sie statt 20 Euro vielleicht nur 5 Euro oder weniger.

Wenn Sie stattdessen einer Sprachschule beitreten möchten, werden Sie natürlich etwas mehr bezahlen müssen. Natürlich erhalten Sie dafür auch einen Unterricht mit Gleichgesinnten und einen Lehrer, an den Sie sich mit all Ihren Fragen und Anliegen wenden können, was oft von unbezahlbarem Wert ist. Die

Kosten können zwischen verschiedenen Sprachschulen stark schwanken, aber für einen wöchentlichen Gruppenunterricht ist 100€ monatlich ein guter Anhaltspunkt. Informieren Sie sich hier einfach bei Sprachschulen in Ihrer Nähe. Die meisten von diesen haben eine Internetseite, auf denen die Preise aufgelistet sind. Natürlich können Sie auch Einzelunterricht buchen, wenn Sie das nötige Kleingeld haben. Dort wird Ihr Lehrer genau auf Ihre Bedürfnisse eingehen und mit Ihnen genau das Ziel erreichen, was Sie sich gesetzt haben.

Was natürlich ein wenig mehr kostet, ist eine Sprachreise. Wie schon erwähnt, rangieren die Preise hier von 1.500 bis 5.000 Euro und mehr, je nach Ziel. Deshalb sollten Sie eine Sprachreise vielleicht mehr als Belohnung sehen, wenn Sie schon zwei oder mehr Jahre eine Sprache gelernt haben. Nach dieser Arbeit können Sie sich selbst dann mit so einem großen Erlebnis belohnen und noch einmal zusätzliche Motivation erhalten.

Möchten Sie eine App ausprobieren, die Sie auf den ganzen Weg begleiten soll (zum Beispiel Duolingo oder Babbel), können Sie einen Anbieter aussuchen, der zu Ihrem Budget passt. Es gibt nämlich sowohl kostenlose Anbieter wie Duolingo als auch mittelteure wie Babbel (circa 9 Euro monatlich). Premiumanbieter wie Rosetta Stone können dann schon einmal auf 22 Euro monatlich kommen. Dafür gibt es bei teureren Angeboten natürlich auch deutlich mehr Leistungen.

Bei Rosetta Stone ist beispielsweise Live-Unterricht über das Internet dabei.

Also: Eine Sprache können Sie sowohl mit sehr kleinem als auch sehr großem Budget lernen. Doch egal wie viel Sie bereit sind, auszugeben: Sehen Sie das Erlernen einer neuen Sprache als Investition in sich selbst an. Vielleicht haben Sie sich schon mit dem Aktienhandel beschäftigt. Dort investieren Sie Geld und hoffen, am Ende mehr zu erhalten. Das ist ein hochriskantes Unterfangen, denn niemand kann Ihnen einen Gewinn garantieren. Dies ist beim Lernen einer Sprache anders. Wenn Sie Fremdsprachen können, sind Sie auf dem Arbeitsmarkt garantiert erfolgreicher. Die Erfahrungen und Erlebnisse, die Sie auf Ihrem Weg erleben werden, sind auch selbstverständlich und wahrlich unbezahlbar. Also: Fangen Sie noch heute an, in sich selbst zu investieren und lernen Sie eine neue Sprache!

Ich möchte eine neue Sprache lernen, bin mir aber nicht sicher, welche?

Sie sollten sich erst einmal überlegen, ob Sie überhaupt eine Sprache lernen wollen. Wenn Sie noch gar keine Vorstellung haben, besteht die Möglichkeit, dass Sie vielleicht kein Interesse an der Sprache haben.

Wenn Sie sich nicht wirklich für die Kultur von anderen Ländern interessieren und nur für den Vorteil auf dem Arbeitsmarkt lernen möchten, kann ich Ihnen weiterhelfen. Als erstes sollten Sie unbedingt Englisch lernen. Wenn Sie diese Sprache noch nicht können, werden Sie nicht weit kommen. Bei einer Analyse von Jobausschreibungen mit Fremdsprachenvoraussetzung haben 75% der Arbeitgeber Englischkenntnisse gefordert. Das ist eine riesige Führung zum zweiten Platz, Französisch, was 6% fordern. Knapp dahinter folgen Japanisch und Niederländisch, Spanisch, Italienisch und Chinesisch. Gerade die zwei asiatischen Sprachen sind interessant, da Wissenschaftler einen großen Anstieg an Einfluss des asiatischen Marktes auf Europa erwarten. Die Zahl der japanischen und chinesischen Firmen in Deutschland steigt stetig an und damit auch die Nachfrage für Arbeitnehmer mit Japanisch-Kenntnissen. Wenn Sie für Ihren Beruf eine Fremdsprache lernen möchten, sollten Sie sich also unbedingt zuerst Englisch zuwenden. Dann können

Sie im Prinzip frei wählen. Die weitere Fremdsprache sollte natürlich zu Ihrem Berufsfeld passen.

Woher weiß ich, wie gut ich schon in der Sprache bin?

Das ist eine verständliche Frage. Wenn Sie schon einige Jahre gelernt haben, wollen Sie vielleicht eine Bestätigung Ihrer Mühen haben. Hier können Sie sich am Gemeinsamen Europäischen Referenzrahmen für Sprachen (kurz GER) orientieren. Mit diesem werden die Sprachabschlüsse Europas vergleichbar gemacht. Das GER besteht aus 6 verschiedenen Stufen:

A1 (Anfänger): Kann alltägliche Ausdrücke und sehr einfache Phrasen verstehen. Kann sich vorstellen und anderen Menschen einfache Fragen stellen (zum Beispiel über deren Alter oder Herkunft) und diese Fragen beantworten. Versteht Einheimische, wenn diese sehr langsam und deutlich sprechen.

A2 (Grundlegende Kenntnisse): Kann häufig gebrauchte Phrasen zu alltäglichen Situationen verstehen und findet sich in routinemäßigen Situationen (zum Beispiel beim Einkauf) zurecht. Kann Dinge in Zusammenhang zu anderen Dingen stellen.

B1 (Fortgeschrittene Sprachverwendung): Kann sich über vertraute Themen (Arbeit, Freizeit, etc.) unterhalten und über persönliche Erfahrungen, Ziele und Pläne berichten. Findet sich auf einer Reise im Sprachgebiet gut zurecht und meistert fast alle Situationen.

B2 (Selbstständige Sprachverwendung): Versteht die Inhalte von Texten zu komplizierteren Themen und kann sich mit Muttersprachlern spontan und flüssig verständigen. Kann seine eigene Meinung detailliert ausdrücken und Vor- und Nachteile erklären.

C1 (Fachkundige Sprachkenntnisse): Versteht die Inhalte von anspruchsvollen und langen Texten und muss im Gespräch nicht nach Wörtern suchen. Kann sich klar und strukturiert zu komplizierten Themen äußern.

C2 (Annähernd muttersprachliche Kenntnisse): Versteht alles, was er hört oder liest ohne Probleme. Kann sich sehr spontan, flüssig und genau ausdrücken. Kann komplexe Informationen aus mündlichen und schriftlichen Quellen exakt zusammenfassen.

Vielleicht konnten Sie mit der Hilfe dieser Zusammenfassung schon ungefähr abschätzen, auf welchem Level Sie zurzeit ungefähr stehen. Wenn Ihnen diese Schätzung nicht genug ist, gibt es im Internet einige

Tests, die Ihnen helfen können, Ihr Sprachniveau genauer zu bestimmen. Suchen Sie einfach mit der Suchmaschine Ihrer Wahl nach einem GER Sprachtest.

Die Ergebnisse von diesen Websites werden Sie leider bei einer Jobbewerbung nicht weit kommen. Wenn Sie seriös wirken wollen oder im Ausland studieren möchten, werden Sie einen Sprachnachweis benötigen. Von diesen gibt es zu den verschiedenen Sprachen viele unterschiedliche Versionen. Die meisten Sprachnachweise werden Sie auch 50 bis 150 Euro kosten. Bei diesem Test werden Sie Multiple-Choice-Fragen zu Hörverstehen und Leseverstehen beantworten müssen. Außerdem müssen Sie einen kleinen Text zu einem vorgegebenen Thema schreiben. Zu guter Letzt ist der mündliche Teil an der Reihe, während dem Sie Fragen beantworten müssen. Dies ist zumindest meine Erfahrung mit Sprachnachweistests. Je nach Version kann dies auch anders ausfallen. Wenn Sie so einen offiziellen Test jedoch abgelegt haben, können Sie überall Ihr Sprachniveau nachweisen, was in bestimmten Situationen ziemlich wertvoll sein kann. Außerdem ist es ein großartiges Gefühl, wenn man tatsächlich nach jahrelangem Lernen die Stufe C erreicht. Informieren Sie sich am besten online über die verschiedenen Angebote zu Ihrer Fremdsprache. Es gibt einfach zu viele Sprachen und Tests, um Sie hier alle zu behandeln.

Mich stört, dass ich beim Sprechen einen starken Akzent habe. Wie werde ich diesen los?

Auch diese Frage ist komplett nachvollziehbar. Wenn Sie um Urlaub mit Einheimischen treffen, wäre es toll, nicht direkt durch den Akzent entlarvt zu werden. Während es sehr schwer ist, den Akzent komplett loszuwerden, ist es dennoch möglich. Ein erster Schritt ist, sich selbst beim Sprechen aufzunehmen. Lesen Sie am allerbesten einen Text ins Mikro, von dem Sie auch eine Aufnahme eines Muttersprachlers haben. Gehen Sie nun Satz für Satz Ihre Aufnahme durch und vergleichen Sie diese mit der des Muttersprachlers und sprechen Sie bei Unterschieden dem Muttersprachler nach.

Außerdem können Sie in Internetforen diese Aufnahme posten und von Muttersprachlern und Polyglotten Feedback erhalten.

Schlusswort

Sie sind nun am Ende dieses Buches angelangt. Auf den letzten Seiten haben Sie eine Menge über die Motivation hinter dem Sprachenlernen, verschiedene Vokabel- und Sprachlernmethoden und etwas über die Geschichte des Lernens erfahren. Im Idealfall haben Sie jetzt die Methode gefunden, mit der Sie am besten Ihre gewünschte Sprache erlernen werden. Wenn Sie noch nicht dieses Gefühl haben, ist das auch nicht schlimm. Ich kann Ihnen nur empfehlen, immer weiter zu experimentieren. Man lernt nämlich nie aus, das gilt auch für mich persönlich. Versuchen Sie, das Beste aus verschiedenen Methoden herauszunehmen und mit anderen Wegen zu kombinieren. Mit genug Einsatz und Motivation werden Sie Ihre perfekte Lernmethode finden.

Disclaimer

Die Inhalte dieses Buches wurden nach bestem Wissen und Gewissen erarbeitet und niedergeschrieben. Trotz größter Sorgfalt bei der Auswahl der Inhalte haben diese keinen Anspruch auf Vollständigkeit. Der Anbieter übernimmt deshalb keine Haftung für die Aktualität, Vollständigkeit und Qualität der Informationen.

Impressum

© Life Advice Academy 2020 1. Auflage

Alle Rechte vorbehalten.

Nachdruck, auch in Auszügen, sind verboten.

Kein Teil dieses Werks darf ohne schriftliche Genehmigung des Autors in irgendeiner Form reproduziert, vervielfältigt oder verbreitet werden.

Kontakt: Alexander Busch, Friedrichstraße 11a, 61348 Oberursel

Made in the USA
Columbia, SC
20 February 2022